Adrian Plass · Andromedas Briefe

Adrian Plass

Der fromme Chaot präsentiert: Andromedas Briefe

Aus dem Englischen von Andreas Ebert

Brendow Buch Kunst Verlag

Die Deutsche Bibliothek – CIP-Einheitsaufnahme

Plass, Adrian:
Der fromme Chaot präsentiert: Andromedas Briefe / Adrian Plass. Aus dem Engl. von Andreas Ebert. – Moers : Brendow, 1991
(Edition C : M ; 170)
Einheitssacht.: The horizontal epistles of Andromeda Veal <dt.>
ISBN 3-87067-445-8
NE: Edition C / M

1. Auflage 1991
ISBN 3-87067-445-8
Edition C, Reihe M 170, Bestell-Nr. 57170

Originalausgabe: Originally published in English by Marshall Morgan & Scott Publications Ltd under the title THE HORIZONTAL EPISTLES OF ANDROMEDA VEAL.

Übersetzung aus dem Englischen: Andreas Ebert
Handschriftliche Briefe: Margit Schoisengeier
Innenillustrationen: Dan Donovan
Einbandgestaltung: Thomas Georg, Büro für Kommunikationsdesign Heidenreich, Mainz
Printed in Germany

Liebe Leserin, lieber Leser,

ein wirkliches und wahrhaftiges Wunder ist geschehen! Anne und Gerald denken, ich hätte eine gute Idee gehabt! Als ich ihnen zum ersten Mal erzählte, ich wolle Andromedas Briefwechsel aus jener Zeit sammeln, wo sie im Krankenhaus lag, haben die beiden „tz-tz" gemacht, sich geräuschvoll geräuspert und unmißverständliche Seufzer ausgestoßen. Anne sagte: „Ach wirklich, Liebling . . .?", und Gerald verformte sein meinen LeserInnen sattsam bekanntes Mundwerk zu jenem unnachahmlich aufreizenden Grinsen, das er mit Vorliebe an den Tag legt. Die beiden dachten zweifelsohne, ich würde mich wieder mal zu einer meiner „Spinnereien" hinreißen lassen, wie sie sich auszudrücken belieben. Ich erinnerte sie höflich, aber bestimmt daran, daß immerhin eine Menge Leute mein Tagebuch interessant genug gefunden hätten, um es zu lesen. Hierauf nickte Anne gnädig und räumte ein: „Na gut, Süßer, wo du recht hast, hast du recht." Gerald hingegen kicherte und sagte, angesichts der Tatsache, daß es sich angeblich um ein seriöses Opus gehandelt hätte, hätten sich denn doch auffallend viele Leute beim Lesen schlappgelacht. Ich wies beiläufig, aber unmißverständlich darauf hin, daß immerhin Edwin, unser Pastor, über eine Reihe meiner Tagebuchvermerke Tränen vergossen hätte, was Gerald zu einer abermaligen Salve albernen Gegackers animierte, so daß ich es für angebracht hielt, mich bezüglich des angeschnittenen Themas fürderhin in Schweigen zu hüllen.

Ich sollte lieber die Sache mit Andromedas Briefen erklären.

Wir haben Andromeda (damals sieben Jahre alt) erstmals kennengelernt, als Mrs. Veal ins Krankenhaus mußte und uns Andromedas Onkel Edwin fragte, ob wir seine Nichte nicht einige Tage bei uns einquartieren könnten. Sie erwies sich als ein außergewöhnliches kleines Mädchen mit einer *sehr* ausgeprägten Charakterstruktur. Am Sonntag nahmen wir sie mit zur Kirche, wo sie beträchtliches Aufsehen erregte (um es gelinde auszudrücken). Das steht alles in meinem Tagebuch (welches – Geralds unmaßgeblichen Auslassungen zum Trotz – tatsächlich als eine Art geistlicher Wegweiser zur Erbauung künftiger Generationen gedacht ist und *nicht* als religiöse Witzsammlung). Sei es, wie es sei, Andromeda hinterließ jedenfalls sowohl in der Gemeinde als auch in unserer Familie einen nachhaltigen Eindruck. Sie bewunderte Anne und war von Gerald fasziniert, wohingegen sie mir den wenig schmeichelhaften Kosenamen „Faschist" verpaßte. Sie hatte viel über die Rechte von Frauen zu sagen, was sie zumeist ihrer Mutter abgelauscht hatte, die eine glühende christliche Feministin ist. Und sie hatte auch keine Skrupel, es *tatsächlich* zu sagen – vor allem mir! Nachdem sie uns verlassen hatte, meinte Anne, hinter Andromedas altklugen Reden verbergen sich sicher eine Menge Angst und innere Spannungen. Ich konnte diese Betrachtungsweise zunächst ganz und gar nicht teilen.

Dann bekam Anne einige Monate später aus heiterem Himmel einen Brief von Andromeda, der besagte, daß sie sich einen Schenkel (sie schrieb „Senkel"!) gebrochen hätte und im Krankenhaus an der „Traktion" hänge (sie schrieb genauer gesagt: „Attraktion", womit sie wohl den Flaschenzug meinte), ihre Eltern aber nicht in der Gegend seien, um sie zu besuchen. Das arme kleine Ding klang so mutterseelenallein und von allen guten Geistern verlassen, daß Anne beschloß, die tätige Nächstenliebe der gesamten Gemeinde zu aktivieren. Es war erstaunlich! Unzählige Leute schrieben in den folgenden Wochen an Andromeda oder besuchten sie. Frank Braddock, unser Nachbar, verfaßte speziell für sie eine Geschichte, Gerald schickte ihr mehrere Briefe, Charles Cook ließ ihr zwei oder drei etwas merkwürdige Ergüsse aus der Bibelschule „Tiefe Freude" zustellen, und sogar der gute Leonard Thynn griff wiederholte Male zu Feder und Tinte, wenn auch die Resultate – aber lesen

Sie selbst! Auch Mrs. Flushpool sandte einige Zeilen (selbstredend gespickt mit Ratschlägen, Bedenken und Warnungen), und Vernon Rawlings bombardierte Andromeda in regelmäßigen Abständen mit seinen eigenhändig vervielfältigten Nicht-Bettel-Briefen. Unzählige andere schrieben – ich eingeschlossen. Ich schickte Auszüge meiner Tagebücher – für jene Augenblicke, in denen Andromeda Gefallen an etwas ernsthafterer Lektüre finden würde. Ich fürchte, ich konnte nicht verhindern, daß auch Annes Onkel Ralph geschrieben hat. Ich finde seinen Brief ein bißchen – sagen wir mal – „ralphisch". Immerhin hat er es gut gemeint. Gleichzeitig hat Andromeda selbst auch eine Menge Briefe geschrieben, einige an Leute aus der Kirche, andere an Berühmtheiten und Weltführer wie Cliff Richard oder den Papst. Die Promi-Briefe hat sie nie abgeschickt, aber es besteht kein Zweifel, daß sie jedes einzige Wort genau so gemeint hat, wie es dasteht!

Als ich einige Zeit, nachdem Andromeda die Klinik verlassen hatte, bei ihr zu Hause war, zeigten mir ihre Mama und ihr Papa die Briefe, die sie geschrieben, aber nie abgeschickt, und die Briefe, die sie selbst von allen möglichen Leuten gekriegt hatte. Die haben mir so gefallen, daß ich (mit Mr. und Mrs. Veals und Andromedas Einverständnis) beschloß, bei den betreffenden Gemeindegliedern Klinke putzen zu gehen, um Kopien derjenigen Briefe zu erbitten, die sie abgeschickt hat. Ich habe wahrscheinlich nicht alle zusammengekriegt, aber die Leute waren sehr hilfsbereit (vor allem Pater John im Kloster draußen). Ich denke, ich habe die meisten.

Als ich sie alle beisammen und der Reihe nach geordnet hatte, zeigte ich das Endergebnis Anne und Gerald. Da ereignete sich das eingangs erwähnte Wunder.

„Eine gute Idee!" meinten sie. Was soll man dazu sagen?

Ach so, noch eins: Als Andromeda bei uns weilte, war das einzige, was sie wirklich ruhigstellen konnte, Geralds persönlicher Stereo-Walkman. Sie war allerdings ein bißchen durcheinander und nannte das Gerät mit Vorliebe sein „persönliches Problem". Ich bin froh, daß ich dran gedacht habe, das vorwegzuschicken. Womöglich hätte es Sie ein wenig stutzig gemacht, daß Andromeda andauernd auf das persönliche Problem meines Sohnes Bezug nimmt!

Jetzt geht's also los. Ich hoffe, Ihnen macht das Lesen dieser Briefe genausoviel Spaß, wie es mir das Sammeln gemacht hat.

Mit freundlichen Grüßen
Ihr

Liebe Anne,

Ich hoffe du Biest nicht böse das
ich an dich ~~schreie~~ schreibe. Aber ich
sieze Inder ~~Schei~~ Klämme. Ich bin eine
Atraktion im Krahnkenhaus. Muter fer-
würglicht sich bei den Fee-Ministern und
ich bin Gans einsam. Ich habe eine Se-
nkel-Frackzohn weil ich gleich zeitlich
versucht habe Müßli zu essen und Ro-
llschuh zu Farn. Der Staht hat mich
horrorzontal gelegt.

BITTE SCHREIB MIR!!! Ich b-
in von lauter unbewursten Frauen ~~u-~~
~~mringelt~~ umgeben und Ferner von po-
litisch naiwen Kindern. Sag dem Fa-
schißt er kann auch schreiben wen
er will, aber bloß Kain Schohwie-Ge-
lalee. Und er soll dran denken mich
FRAU zu tietulliern.

Sag Gehralt ich ~~Würde~~ würde
nix dagegen haben, mich mit seinem
persöhnlichen problem zu becheftigern.
wärend ich horrorzontal bin.

Anne, wer sind die Fee-Minister? Muter sagt jeder Pattri-Arsch Mus vom Sockel. Sie ißt mit ~~irrer~~ ihrer Freundin Gwenda unterwex. Fater sagt gegen Gwenda würgt Rhabarbera Busch nachgerade magersüchtig. Muter wollte bleiben als sie mich horrorzontalisiert haben. Aber Gwenda sagt Liebe heißt blos das Mann eine lohgische Bindung einkauft und die Fee-Minister brauchen sie Meer. Gwenda hat gesagt Einsamkeit Mus ~~mann~~ frau bekempfen. Ich hab sie bekempft Anne. Ich habe glaub ich verlorn. Bitte schreib mir. Ich Mus sogar horrorzontal pinkln. Sie haben mir ein Buch zum lesen dagelasen. Aber bei Simone Bohwohaar Gips nicht fiele Bilder.

Weist du wo Fater jetzt ~~wonnt~~ wohnt Anne? Ich weis das er ein Lack-Ei der schohwinistischen Kapitalißtenschweine ißt. Aber die lohgische Bindung die er für mich gekauft hat Mus aus einem 1. klasigen Laden stammen. Fiel leicht kommt er mir besuchen wenn er hört das ich eine Attraktion bin.

Ich hab auch Gott gesagt er sol k-ommen und mir helfen. Hat sich aber Biß her noch nicht blicken lasen.

BITTE SCHREIBE!!!

Lohgische Bindungen

(Frau) Andromeda Veal

P.S. Wenn du rauskrixt wo Fater lebt, kannst du ihm dann eine Na-chricht von mir weitergehben? Sie ißt mit im Briefkuhwert.

Fielen Dank!

Lieber Pappa,
komm mir besuchen oder schreib mal oder ruf Ahn oder was, hä?
BIITTTE PAPPS!
Lohgische Bindungen
Andromeda

Andromeda, mein Schatz,

ich habe gerade Deinen wundervollen Brief gelesen. Vielen herzlichen Dank, daß Du mir schreibst. Wir haben Deine Zeit bei uns niemals vergessen. Gleich nachdem ich Deinen Brief gelesen habe, habe ich drei Sachen erledigt: Ich habe für Dich einen Lebkuchenmann gemacht und in den Backofen geschoben, dann habe ich Geralds persönlichen Stereo-Walkman eingewickelt und ein paar Kassetten dazugepackt, und schließlich habe ich mich hingesetzt, um Dir zurückzuschreiben.

Dich hat's ja ganz schön erwischt! Ich würde mich freuen, wenn Du wieder schreibst und mehr über den Unfall erzählst und was die Ärzte gesagt und gemacht haben. Würde es Dir etwas ausmachen, das zu tun?

Es ist bestimmt schwer für Dich, daß Deine Mutter jetzt nicht da ist. Das muß für sie eine sehr schwierige Entscheidung gewesen sein, aber ich bin sicher, sie vermißt Dich entsetzlich und wird bald wieder zurück sein. Ich fürchte, ich habe keine Ahnung, wo sich Dein Vater derzeit aufhält, aber ich werde Deinen Onkel Edwin fragen, der, wie Du weißt, Ältester in unserer Gemeinde ist. Ich habe auch die Nachricht an Deinen Vater an ihn weitergeleitet. Ich nehme an, er wird bald kommen und Dich besuchen, und ich werde das auch bald tun.

Das Ganze muß für Dich ja ziemlich lästig sein, mein armer Schatz. Ich habe eine Liste mit ganz vielen Namen und Adressen von Leuten aus unserer Gemeinde zusammengestellt, und ich schicke Dir ganz viel Papier und Umschläge und Briefmarken mit, so daß Du an alle schreiben kannst. Ich will Onkel Edwin bitten, daß er allen sagt, daß Du schreiben wirst. Ich bin sicher, daß Du jede Menge Antwortbriefe kriegst. Ich habe Onkel Adrian (den Du nicht ganz zu Unrecht einen „Faschisten“

nennst) gebeten, Dir von Zeit zu Zeit Auszüge aus seinem Tagebuch zu schicken, und Gerald verspricht, ebenfalls von sich hören zu lassen.

Sei tapfer, meine Gute! Denk dran, daß Jesus alle Kinder liebhat. Er ist schon da, auch wenn Du das noch nicht merkst. Bis bald.

Alles Liebe, Anne

Liebe Anne,

Ich habe ein Bißchen geflennt als dein Päkchen kam. Gwenda sagt Tre-nen sind ein Zeichen fon Schwäche, ab-er es ist schwer starḱ zu sein wenn du horrorzontal bißt, Anne. Du sollst sie außerdem nicht Lebkuchen-Männer nennen. Muter hat mir Mahl 'ne Leb-kuchen-Persohn gebackt. Sie sagt Män-ner ißt sekßistisch. Deiner schmeckt a-ber genauso. Ich hoffe da sind keine ge-suntheitsgefehrdenden Incredenzialen drin Gwenda sagt Aggresionen und Mord u-nd Fergewaltigung und Kriech kommen alle blos fon gehsuntheizschädlichen Zuta-hten. Sie und Muter wollten blos noch von Weintrauben leben, weil alle andren Lebens-Mittel foller Gift sind. Gwenda hat gesagt in ein Paar Tagen Würden sie beide fitt und Schlang und Rhein sein. Am dritten Tag sind sie auf den Küchen-boden rumgekrochen und haben kleine Wei-n-Traubenstücke gekotst. Ich hab mich

liber an mein tegliches Müßli gehalten.
Ein Bißchen ißt das ja wie wenn du
dich durch nen Haufen Heu ~~durchfräsen~~
durchfreßen mußt, aber wenigstenz m-
ußt du nicht kotsen. Als Fater noch
zuhause wahr hat er Gwenda immer auf
~~die Schieppe~~ gezogen und gesagt er will
eine E-Sex-105-Stulle zum Tee. Ich gl-
aube nicht das Fater Gwenda ~~leiten~~ lei-
den ~~kann~~ mochde. Ich hoffe Onkel Etwi-
n findet Fater bald, Anne. Meine log-
ische bindung tut weh.

Es war schlimm wenn ich meinen
Obersenkel gebrochen habe Anne! Muter
sagte sie gibt mir 15 Sek-Kunden um
meine Rollschue auszuziehn, mein Mü-
ßli zu essen und mich fürs Bett fertig
zu machen. Ich wollte alles 3 auf 1 Mal
machen und bin hingeflogen. Alß wir
ins Krankenhaus kamen hat 1 Mann
mein Bein angekuggt und gesagt er ißt
der Schi-Urk und muß mich Reh pa-
arieren. Er sagte er heist Mister Fisch-
er. Habe glück das er kein Ackerderm-

acker ist! Er hat gesagt ich mus für
Wochen und Wochen ne Atracktzion
sein. Da bin ich nun. Ach Anne, h-
ier liegen ist wie wenn ~~man~~ frau Hu-
mmeln im hindern hat!

Danke für das persönliche proble-
m und das gantze Zeuch. Bißt du
sicher Jesus ißt schon da?

Logische Bindungen
Andromeda

P.S. Denkst du, Du haßt wenixstens ein
kleines Bißchen logische Bindung für
mich, Anne? Glaubst du das könnte
möglich sein?

Liebe Andromeda,

heiße Thynn. Leonard Thynn. Freund der Plassens – na ja, denke jedenfalls, bin ein Freund. *Bin* ein Freund. Ganz sicher! Freund der Plassens. Adrian: groß, nett, bißchen einfältig. Anne: süß, bezaubernd, wundervoll. Gerald: dufter Typ, sagt, was er im Kopf hat. Nicht alle mögen, was er im Kopf hat. Ich schon. Hat mich mal nach Hause und ins Bett gebracht, als ich ein bißchen – müde war. Doch, wirklich ein Freund der Plassens. Bestimmt haben sie *mich* gern, sieht jedenfalls so aus. Borge mir öfter ihre Katze für – ist ja egal für was. Hatte einmal selbst ein paar Haustiere. Kater namens Brandy. Wellensittich namens Soda. Zwei Goldfische namens Eiswürfel und Zitrone. Witzig, oder? Na ja, eigentlich nicht. Nachtigall, ick hör dir ... Hab da ein kleines Problem – also, eigentlich kein *kleines*, eher ein *großes* – mit Dingsbums. Trinken. Zu viel, wollte ich sagen. Ja.

Jedenfalls – genug vom blöden Thynn. Jetzt von Dir, kleine Veal! Höre, Du bist auf die Nase gefallen. Hast Deinen Wieheißternoch angeknackst. In der Werkstatt für laufende Reparaturen hä, Mädchen? Na ja – keine *laufenden* Reparaturen. Blöder Ausdruck. Eher „hängende" Reparaturen. Schenkel sagt man mir. Schenkel – Schön scheuschliche Schache. Kleines Späßchen. Na ja, kein richtiger Spaß, eher eine Art – also eigentlich ziemlich daneben. Habe 'nen Hang zu Alliterationen. Das ist, wenn die ersten Buchstaben – na ja, tut mir leid! Bloß dußliges Gefasel. Alte Angewohnheit von mir.

Paß auf! Dachte, ich erzähl Dir 'ne lustige Geschichte. Kleine Aufmunterung. Bin nicht besonders begabt dafür, aber will's probieren. Beginnt nach dem nächsten Punkt. Dieser Typ – läuft durch einen Wald. (Muß nicht unbedingt ein Wald sein, verstehst Du. Könnte auch ein Park, Dickicht oder Gestrüpp sein –

jede Ansammlung von Gehölz, so lange nur Bäume vorhanden sind. Kapiert? Gut.) Also, dieser Typ läuft (oder er könnte auch spazieren oder schlendern. Aber nicht schreiten. Schreiten versaut die Geschichte), er geht, schlendert oder läuft also durch diesen Park oder Wald oder durch dieses Dickicht oder Gestrüpp, als er plötzlich einen kleinen Kerl bemerkt (ich meine nicht abnorm klein, ich meine eher einen am unteren Ende der Skala der Überzwergengröße), und dieser vergleichsweise kleine Kerl lauert, oder besser: kauert hinter einem Baum. Ich nehme an, Du fragst Dich: „Wie kann der Typ (derjenige, der durch den Wald, Park etc. . . . läuft) den kleinen Kerl (also den Kauerer) überhaupt sehen, wenn der hinter einem Baum ist?" Also, die Antwort ist, daß der Kauerer zwar längenmäßig gewisse Mängel hatte, aber (jedenfalls in der kauernden Position) bedeutend breiter war als der Baum, hinter dem er kauerte. Klar? Gut.

Da ruft der schlendernde Typ dem kauernden Kerl zu (und wir nähern uns hiermit bereits dem lustigen Teil), er ruft aus: „Hallo!" Daraufhin macht der kauernde Kerl – wohl, indem er seinen Hals um den Baum renkt (wahrscheinlich schlendert er mittlerweile gar nicht mehr. Wahrscheinlich ist er ja stehengeblieben, kurz bevor er den kauernden Kerl angeredet hat, aber ich werde ihn weiterhin den schlendernden Typ nennen, damit ich Dich nicht durcheinanderbringe. In Ordnung?) – wo war *ich* stehengeblieben? Ach so, der kauernde Typ ruft zu dem schlendernden Typ zurück: „Hallo!" Daraufhin sagt der schlendernde Typ, der den kurzen Kauerer wahrscheinlich nicht mal beiläufig kennt: „Was bist du?", und der Kerl erwidert: „Ich bin *Müller.*" Dann sagt der Schlenderer (und das ist jetzt wirklich die letzte Wendung, bevor die Pointe reinkracht – *wahnsinnig* witzig! Jedenfalls finde *ich* sie witzig – na ja, *ziemlich* witzig), er sagt: „Was machst du, während du da hinter diesem Baum kauerst?" Und der Kerl antwortet (ich schreibe es auf eine eigene Zeile, weil das ES ist, der springende Punkt vom ganzen Witz), er sagt:

„Ich mache *Müll.*"

Kapiert? Der *Müll*er macht *Müll.* Guter Witz, was? Hoffe, er ist nicht ein bißchen zu – na, Du weißt schon, ein bißchen zu Dingsbums.

Jedenfalls tut mir das mit dem Bein leid und mit – dem Bein. Erzählte meiner Mutter, ich will Andromeda schreiben. Arme alte Mama. Taub wie ein Laternenpfahl. Sagte, wenn ich ein Dromedar reiben will, wäre ich noch bescheuerter, als sie sowieso gedacht hat. Hat mir trotzdem liebe Grüße bestellt, als sie es endlich begriffen hat. Habe gestern abend mit ihr für Dich gebetet. Gott ist in Ordnung. Gibt nie auf, bei mir jedenfalls nicht. Fliege manchmal auf die Schnauze. Gibt nicht auf. Ich könnte Dir da ein paar Geschichten erzählen – na ja.

Grüße
Thynn (Leonard)

P.S. Hoffe, die Geschichte war, na ja – Du weißt schon.

Bibelschule Tiefe Freude
Schmaler Pfad
Dumpfton
Nosex

Grüße im Namen Dessen, Der stark und mächtig ist in Tat und Wort – willens, aus Seiner herrlichen Fülle uns über die Maßen mehr zu geben und zu erweisen als es jenes trotzige Ding, des Menschen Herz, zu fassen vermag, Er, der bereit ist, uns der Seelen Seligkeit zu erwerben durch Ausgießung Seiner grundlosen Liebe zu uns, die wir, da wir vorzeiten in Sünde verstrickt waren, den Todessold verdient hatten, und Der uns sicher durch die sturmgepeitschten Wellen dieses Lebensozeanes, dessen Überquerung das Los aller Menschenkinder ist, hindurchretten wird, bis wir dermaleinst, wenn die Zeit erfüllt ist, heimgerufen werden, an einem Tag, der vor Angebinn dieses Äons festgesetzt ward, um uns selbst an die Gestade des Himmels zu geleiten, auf daß wir von Ewigkeit zu Ewigkeit vor Seinem Antlitz wallen dürfen an jenem entrückten und dennoch so strahlenden Ort, wo alles Friede und Gottseligkeit ist, weil Er Selbst daselbst Seine Ewige Hütte errichtet hat und uns eine Wohnstatt bereitet, auf daß auch wir, obschon ohn' all' Verdienst und Würdigkeit, ein Reich ewiger Freuden ererben – von einem, der durch ebendiese Gnade errettet und zur Zerknirschung geleitet ward von jenem sündhaften, aufrührerischen und überaus verstockten Wesen, das von Adams Fall her allen Menschen – zu ihrer und unser aller Schande sei's bekannt! – gemein ist, und der endlich durch manch Anfechtung und den Dienst der Heiligen zur Erkenntnis jener Freude hindurchgedrungen ist, die nunmehr in seiner Seele wirkt durch die unvergleichliche und machtvolle Bewegung jenes himmlischen Willens auf Ihn hin, der durch alle Geschlechter erfüllt sein wird von tiefster Dankbarkeit für diese wunderbare Begnadigung und der mit demütigem Gehorsam seiner Abberufung aus diesem irdischen Jammertal und Tränenhaus und Seiner Geleitung zum himmlischen Paradies und Freudenort harret – an eine Schwester und Miterbin an jenem mystischen Leib, an dem wir alle Anteil haben, die geborgen im gebenedeiten Mysterium der Rettermacht eins ist mit den Heiligen und Märtyrern jetzt und in alle Ewigkeit –

Liebe Andromeda,

keine Zeit, ausführlicher zu schreiben. Werde mich bald wieder melden.

Alles Liebe, Charles

Liebe Andromeda,

hallo, hallo! Hier spricht Onkel Ralph – eigentlich Annes Onkel, aber ich könnte auch Dein Onkel sein, wenn Du Lust hast. Anne sagt, Du bist auf der *Strecke* geblieben (Kapiert? *Strecke!* Traktion! Flaschenzug! Streckung! Haha!), da habe ich gesagt, ich schreibe Dir und heitere Dich mit meinen Scherzen auf. Auf der Arbeit nennen sie mich Ralph den Zwerchfellerschütterer (unter anderem! Verstehst Du, was ich meine?). War auch mal im Krankenhaus. Der Doktor sagte, ich müßte mit Angina ins Bett. Alles Schwindel – das Mädel ließ sich nie blicken. Verstanden? Anne sagt, ich soll die Witze weglassen, aber Lachen ist die beste Medizin! Immerhin kümmerte sich damals eine hübsche kleine Krankenschwester um mich. Sie sagte: „Ich muß Ihnen leider eine kleine Injektion verpassen, Mr. Surtees, und hoffe, Sie nehmen mir das nicht übel." Ich sagte: „Ihre Sticheleien können mich gar nicht treffen, Schwester!" (Verstanden? Spritze! Sticheleien! Haha!) Die Ärzte waren ziemlich miese Typen. Ich sagte zu einem: „Doktor, in den letzten fünf Jahren habt ihr drei verschiedene Stücke von mir rausgeschnitten. Habt ihr wirklich keinen Vertrag mit der Abdeckerei?" Hat nicht mal gegrinst. Muß Ausländer gewesen sein. Die Stationsschwester war auch so eine miesepetrige Trantüte. Wollte sie ein bißchen aufmuntern. Habe eine Flasche Blutimitat eingeschmuggelt, verstehst Du? Eines Tages bat ich um die Bettpfanne, und sie zogen den Bettvorhang zu. Habe mir die ganze Soße übers Kinn und über die Brust gekippt und ließ mich seitwärts aus dem Bett hängen – Zunge raus und Augen weit aufgerissen. Ob sie angebissen hat? Ich kann Dir sagen! Panik! Notfall! Wie munter die plötzlich geworden ist! Als sie mich wieder ins Bett gehieft hatte, habe ich sie angegrinst und gesagt: „Habe einiges auf der

Pfanne, gell, Schwester?!" Habe nie jemand so wütend gesehen. Hat blutig Rache genommen. Erzähl Dir lieber nicht, wie – nur soviel: Mit Freunden wie der, wer braucht da noch Feinde? Hä? Ich glaube, die Italiener nennen das Innuendos. Kannst Du mir folgen?

Komme bald in Deine Gegend. Werde vorbeischauen und Hallo sagen. Mach nichts, was ich nicht auch machen würde!

Immer schön lustig bleiben
Onkel Ralph

P.S. Was ist der Unterschied zwischen einem Ballett und einem Schlachthof? Im Schlachthof beben die Schweine, im Ballett schweben die Beine. Kapiert? Gut, was?

Liebe Anne,

danke das du deinem Onkel Ralff
gesakt haßt er soll mir schreiben. Sein
Brief Wahr aber ein Bißchen ulkich. Er
sagt er will Gans fiele Witse reinmachen
um mich aufzumuntern, aber ich kon-
nte keinen 1igen finden!

Anne Ich Würde gern an Gehralt
schreiben wenn daß ohkeh ißt. Muter
sagt er würgt wie einer von diesen polit-
ischen Laichen wo heutzutahge überall fr-
ei rum laufen. Aber er war sehr Freund-
lich alz ich bei euch wahr auch wenn er
mich ferarschthonigpiepelt hat und gesag-
t hat, das feministisch ein Nana-Kram
von Mist! ein Fisch! ißt. Alz ich sakte das
ich nicht denke das daß sehr kohmisch
ißt hat er mich gehkitselt und ich muste
lachen. Und er hat nicht aufgehöhrt biß
ich 3 mal gesagt habe: „Ne flotte Schwe-
ster aus Personchester". Bei uns zuhaus
Hatz in letzder Zeit nicht fiel zu lachen
gegeben, Anne. Muters Freundin Gwen-

da sagt, wenn die feeministersche Reh-woluzjohn kommt werden Witse danach beuhrteilt wie fäir sie gegen Mienohriteten sint und Fater hat gesagt, wilst du wirklich behaupten das Witse nicht mer lustich sein solln? und Gwenda hat gesagt, Gehnau! Da hat Fater gesagt, dann wird Wuddi Ellen so was wie'n Sche Gewara des Humohrs und Muter hat seinen Feifentabak mit n Bißchen Mahr-melade inn Mikser gekipt.

Ach Anne, ich Kahn dir gahr ni-cht sagen wie das ist wenn man/frau aufs Kreutz gelecht wird und kein Ältern-tail ist da. Kahn nicht glaubn das der Jehsus daß ferschteht. Ich Würde sogahr mit nem/ner faschißtischen Anti Rewol-uziohnerIn reden wen er/sie nett zu mir wär wie ein Älterntail. Aber sag daß ni-cht weiter sonßt werd ich nie in die Läi-berparty aufgenomen. Wehn welst du An-ne? Ich finde du soltest die Fürerin der NETTENPARTEI sein, finde ich. Komm bald Mahl forbei, hä?

Logische Bindungen
Andromeda

P. S. Gehralt is nicht ferlopt oder sowaß oder?

Liebe Andromeda,

es hat mir so leid getan, als ich von Deinem gebrochenen Senkel – ich meine Schenkel – gehört habe. Gerald bittet mich zu sagen, daß er hofft, daß bei Dir am Ende nicht ein Bein kürzer ist als das andere. Er sagt, wenn das so sein sollte, könnte er nichts dagegen unternehmen; er würde aber einen Mann kennen, der das kann. Ich denke, er wird Dir bald schreiben. Das wäre allerdings *wirklich* ein Wunder.

Jedenfalls sagt Tante Anne, sie meint, Du würdest vielleicht gern einen Auszug aus meinem Tagebuch lesen. Ich kann mir zwar nicht vorstellen, weshalb. Schließlich und endlich handelt es sich um ein ernsthaftes Dokument. Hoffe auf jeden Fall, daß es für Dich nicht allzu „faschistisch" ist ...

Donnerstag

Habe in einer Zeitschrift einen großartigen Artikel gelesen. Die Überschrift hieß: „Schöne Aussichten für christliche Familien des 21. Jahrhunderts, die nicht mehr in alle Winde zerstreut sind." Handelte davon, daß man Gottes schöne Schöpfung genießen soll. Beschloß, daß ein guter alter Familienausflug angesagt ist. Anne war dafür. Gerald hatte wieder mal einen seiner zynischen Momente und sagte, er hätte „Ausflüge, Tsatsiki, Gesellschaftsspiele, Scharaden, harmlose Scherze und den ganzen übrigen pseudo-christlichen Ballast" satt, den „die Kirche ständig mit sich rumschleppt". Geriet mit ihm aneinander und bestand darauf, daß er am Samstag mitkommt.

Betete am Abend inständig um gutes Wetter für das Wochenende.

Freitag

Als ich heute früh an Geralds Zimmer vorbeiging, konnte ich hören, wie er klar und vernehmlich um Regen betete. Schloß mich ins Klo ein und betete nochmals um Sonnenschein.

Werden ja sehen!

Rief Richard Cook an und lud ihn ein, mitzukommen. Gerald sagte, er kommt nur mit, wenn er eine neue Freundin mitbringen kann, die Noreen heißt und keine Christin ist. Stimmte – nichts Gutes ahnend – zu. Hoffe, sie kommt mit Richard zurecht. Er ist so ein *christlicher* Christ.

Samstag

Wachte bei strahlendem Sonnenschein auf. Versuchte, ganz untriumphal über meine Cornflakes zu blicken. Gerald äußerst niedergeschlagen.

Brachen um halb elf auf, alle in unserem Wagen. Absoluter Wolkenbruch genau zu dem Zeitpunkt, wo ich den Motor anließ. Ignorierte Geralds Händeklatschen auf dem Rücksitz und fuhr trotzdem los.

Der arme alte Richard Cook war auf dem Rücksitz zwischen Noreen, Geralds Freundin, die sich als ausgewachsene junge

Dame entpuppte, und Noreens Haustier namens „Pfote“, einem riesigen schwarzen, struppigen Köter, eingeklemmt.

Nach einer Weile fragte Richard in gedämpftem Tonfall: „Ist Ihre Villa im Paradies schon gebucht, Noreen?“

Noreen unterbrach für einen Moment ihre Tätigkeit, die darin bestand, einen grellrosa Lippenstift aufzutragen, und sagte: „Nein, mein Guter. Wir machen dies Jahr nur ein paar Tagestouren. Können uns keine Urlaubsreise leisten.“

Richard erklärte ihr, daß er gemeint hat, ob sie Christin sei und fügte hinzu, daß er selbst *charismatisch* ist. „Sie wissen doch, was das bedeutet, nicht wahr, Noreen?“ fragte er.

Noreen sagte, sie wisse das. Sie hätte nämlich einen Onkel, der das auch ist und immer dieses Ding in die Nase stecken muß, sobald er keine Luft kriegt.

„Übrigens!“ fuhr sie fort, „Sie sind doch wohl keiner von diesen Mormonen, oder?“

„Bewahre!“ sagte Richard, „ich verabscheue jeden schlechten Verkehr!“

Noreen muß irgendwas falsch verstanden haben. „Muß ja für Ihre Frau auch kein Vergnügen sein“, sagte sie leidenschaftslos.

Dumpfes Schweigen.

Richard unterbrach es: „Was für ein zauberhafter Hund, Noreen!“

„J-a-a-a-a“, sagte Noreen gedehnt und gefühlvoll. „Sag dem Onkel Richie-Ratschi Guten Tag, Pfotie-Pfatschi!“

„Ach herrje!“ sagte Gerald einen Augenblick später. „Pfotie-Pfatschie hat über Onkel Richie-Ratschies Schuhsie-Wusies gekotzi-katzit!“

Hielten an und ließen Richard raus, damit er die Schuhe mit einem Büschel Gras saubermachen konnte. Augenblicklich kam die Sonne raus. Setzte Richard hinten neben Gerald direkt ans Fenster. Hielt zwei Kilometer weiter abermals an, nachdem sich Gerald wegen des strengen Geruchs über Richards Schulter ergossen hatte.

Keiner hungrig, als wir am Picknickplatz ankamen. Alles

roch nach Hundekotze. Pfote verleibte sich illegal einen Schinken und das Tiramisu aus dem Picknickkorb ein, als keiner hinsah. Richard wurde kreidebleich und fragte, ob es zurück in die Stadt einen Bus gibt.

Machten einen kurzen Spaziergang, mußten aber zurückflitzen, als der Wolkenbruch einsetzte. Richard bettelte pathetisch darum, vorne sitzen zu dürfen. Anne saß direkt neben der völlig durchweichten „Pfote", der/dem auf der Rückfahrt kein einziges Mal schlecht wurde.

Kamen zu Hause an und alle verließen das Auto. Sanfter Nieselregen und Sonnenschein in einem.

„Oh, guckt mal!" sagte Noreen und zeigte nach oben.

Wir guckten alle. Da war ein herrlicher Regenbogen.

Gerald und ich lächelten uns an.

Anne nickte weise.

Pfote würgte das Tiramisu wieder raus.

Richard sagte: „Ich weiß, daß man mir nicht gerade einen Hang zu verbalen Frivolitäten nachsagt. Aber dennoch kommt mir gerade in den Sinn, daß ich irgendwo gelesen habe, man könne den Satz *Ein Neger mit Gazelle zagt im Regen nie* vorwärts und rückwärts lesen. Entzückend, nicht wahr?"

Komme Dich bald besuchen,
alles Liebe, Onkel Adrian

P.S. Hoffe, wir werden doch noch Freunde – trotz unserer politischen Differenzen.

Evangelistische Dienste Kosmos
Globales Projekt „Umkehrkolleg"
Baracke 3
Waffenstillstandsweg
Bagshot

Telefon (Bill betet um baldiges Glaubenseinkommen)

Lieber Bruder oder liebe Schwester,

bitte verzeihen Sie den blassen und kaum leserlichen Druck und die schlechte Papierqualität unseres Rundbriefes, aber die Mittel sind zu diesem Zeitpunkt, da wir in der 19. Phase unseres Projektes zum Aufbau des globalen Umkehrkollegs gehen, begrenzt. Wie Sie aus unserem vorherigen Brief wissen, streben wir eine Endsumme von 23,5 Millionen britischen Pfund (= US$ 34,7 Millionen oder DM 61,8 Millionen) an. Momentan haben wir gerade die 13 Pfund 50 Grenze überschritten, und es ist wundervoll zu sehen, wie das Werk wächst. Erst letzte Woche fand jemand im Rinnstein ein Fünfpencestück, und man hat uns auch eine Reihe von leeren Pfandflaschen gespendet, deren Rückgabe an die 30 Pence Erlös einbringen dürfte. Wenn man wie wir ganz und gar aus dem Glauben lebt, ist es eine große Ermutigung zu sehen, wie für alles gesorgt wird, was not ist. Wir essen regelmäßig (ich beispielsweise bin jeden Dienstag und Donnerstag an der Reihe), und es ist erstaunlich, wie viele Spiele und Aktivitäten auch bei völliger Dunkelheit durchgeführt werden können. Als ich letzte Nacht auf dem Stragulaboden lag und versuchte einzuschlafen, wurde mir plötzlich klar, daß es unser Grundsatz, niemals um finanzielle Unterstützung zu bitten, ist, der uns von jenen Projekten unterscheidet, die fortwährend zu betteln scheinen. Der Platz am unteren Ende dieses Briefes, wo man seine Kreditkartennummer eintragen und/oder eine Bankeinzugsermächtigung erteilen kann, ist ausschließlich für jene gedacht, die sich persönlich geführt fühlen, ihren Wohlstand und ihre Bequemlichkeiten mit Brüdern und Schwestern zu teilen, die in einsamem Kampf an den rauhen Fronten des christlichen Einsatzes stehen.

Einige haben die Tatsache bekrittelt, daß sich die Erfüllung eines unserer ursprünglichen prophetischen Worte – daß nämlich bis letzten Mittwoch das Kolleg gebaut und ganz England und Wales bekehrt sein würden – ein wenig verzögert hat. Wir führen uns nunmehr geführt zu sagen, daß dies auf die niedrige Gesinnung eines Individuums außerhalb des Projektes zurückzuführen ist. Wir beteten gestern abend für ihn oder für sie, als wir bei Kerzenschein die Geschichte von Ananias und Saphira lasen. Kennen auch Sie diese Geschichte, liebe Freundin, lieber Freund?

Ihr
Vernon Rawlings

P.S. Wir bitten Sie *inständig* darum, dem Kolleg in Ihrem Testament unter *keinen Umständen* größere Summen zu vermachen, es sei denn, Sie sind sich *absolut sicher*, daß Sie das Werk des Herrn unterstützen wollen, anstatt das Geld Leuten zu hinterlassen, die ohnehin in Saus und Braus leben.

P.P.S. Wir studieren derzeit den Jakobusbrief. Welch wundervolle Botschaft enthält er doch!

Lieber Gehralt,

neme an deine Mutter hat dir erzehlt das ich momentan eine horrorzontale Ahtraktzjon mit geflicktem Senkel und allem Drumundran bin. Ich bescheftige mich ahndauernd mit deinem Persöhnlichen Prohblem und höhre deshalb nicht fiel, ausser als dein Onkel Ralf da wahr und Schwester Reh-Nahtee in den ~~Hindern~~ Poo getswikt hat und sie so laut geschriehn hat, das ich es durch die Biehdschiehs durchgehöhrt habe. Sie lechelt wie ein Apfel. Ich dachte sie meldet Onkel Ralf dem Schi-Urgen. Aber als er wieder wech war, hat sie gefrahgt, ob er wieder kommt. Mus dir was sagen Gehrald – sie hat ne bescheuerte Familje. Gestern Abent hat sie mich gefragt ob ich was zu lesen will. Ich hab ihr gesagt das ich Simone Bohwaar habe und Muter nicht will das ich Kinderbücher lese weil sie das Hürn fergifften, for allem Emnid Blei-Ton von der Fater sagt ihre 5 freunde sind alle neu-erotisch. Gwenda sagt Schneeflittchen und die 7 Zwerge sollte lieber heißen „Arschitüpische Frau versucht ferzweiffelt von 7 müdelogischen Uhr-Bildern der fallischen Männerheerschafft ein Paar Brohtkrühmel zu ergattern".

Jeden Falz sagt Schwester Reh-Nahtee (du wierstś nicht glauben, Gehralt, was jetzt kommt!), sie sagt ihre kleine Niechte die so alt ist wie ich, will nicht ins Beet ohne erst Mahl mit ihrem Täddi Ruhm zu kuhscheln! Ich weis das es nichtz giebt was es nicht giebt, aber daß emfinde ich nachtgerahte als abstohssend.

Weil wir Gehrade von Büchern rehden: Der Farschißt bei dem du wonst hat mir 1 Stück von seinem Dagebuch geschikt. Hat mir gefalln. Pfote fant ich gut. Habe nie 1 Haußtier gehabt Gehralt. Fater wollte mal nen Hunt kaufen, aber Muter hatz nicht erlaupt weil sie ihn fragte was er würglich von Gwenda hält und er hat gesagt: „Klamotten von Klara Klukscheißer und Paarfühm Marke Plemplem!" Ich hatte auch nie ne Pupe Gehralt. Muter sagt Pupen sind das Mittel der Gehsellschafft um die suppjektiefe wäipliche Rolle zu ferstekken, aber Gwenda sagte ich Kahn einen kleinen Plasstikmann kriegen den ich in einem Spielzeuglahden gesen habe, wenn ich ihn Schohwie nenne. Ich liehbte Schohwie Gehralt, aber er gieng kahput als ihn Muter nach Fater schmieß nachdem sie gesacht hatte Gwenda fülld in ihrem Lehben ein großes Wah-Kuh-Um aus und Fater sagte das Mus ja 1 Riesen~~kater~~krater sein wenn Gwenda ihn ausfüllt.

Komm mich bitte besuchen Gehralt und sag dem Farschißt ich hätte nichtz gegen 1 bißchen Meer von seinem Tahgebuch. Bitte Beete daß Muter balt von den Fee-Ministern zurückkomt

Alle meine lohgischen Bindungen
Andromeda

P.S. Haßt du die Stelle bemergt wo ich gesagt habe ich habe keine Pupe? Ich weis das sie schlechd sind aber wenn mir jemant eine schenkt were eß ja nicht meine schult oder?
P.S. Na!?

Andromeda, mein Liebling,

nur ein paar Zeilen heute. Ich habe vergessen, Dir noch eine wichtige Adresse zu geben. Erinnerst Du Dich daran, daß Du Pater John getroffen hast, als Du bei uns warst? Er hatte ein langes braunes Gewand an und war oben auf dem Kopf ziemlich kahl. Wenn ich genau überlege, bist Du ihm nicht *direkt* begegnet, aber Du hast gesehen, wie er im Garten nebenan mit unserem Nachbarn Frank Braddock geredet hat. Pater John ist ein ganz lieber und weiser Mann. Ich weiß, daß er Dir nur allzugerne helfen würde, wenn Du irgendwas auf dem Herzen hast. Schreib ihm also ruhig, wenn Du magst, mein Liebling. Die Adresse findest Du auf der Rückseite dieses Briefes. Wir sehen uns bald!

Alles Liebe, Anne

Liebe Anne,

Muter hat mich heute von irgenteiner Tele-Phon-Zelle angerufen. Wir Wahn schlecht ferbunden. Sie hat gesagt gestern nacht hat sie geweind alß sie dran dachde das ich eine horrorzontale Ahtraktzjon bin. Aber Gwenda hat gesagt sie komt bloß in die Wexseljahre und soll nich son Gehtue machen. Ich habe Schwester Reh-Nahtee gefragt was das heist, wenn mann/frau in die Wexeljahre kommt, da hat sie gesagt, irgendwahn kan eine Frau keine Muter meer sein und das nent man/frau Wexeljahre. Warum kan Muter keine Muter meer sein? Ich Krieg Anxt, Anne! Komt sie nie wieder zurük?

Heute ißt ein Mann mit einer komischen Kalklaiste um den Halz forbeigekommen. Er hat Bloß mit mir geredet. Er sagte er ist der Pfarer Buhm und er ißt zum ersten Mahl im Krahnkenhaus. Kurtz befor er ging habe ich ihn gefragt warzuhm er mit nimanden sonst gerehdet hat. Er hat gesagt ich bin die 1-Ziege mi-t einem E. für „Ehe-Fan-Kehlich" am Bet-tente. Er sagte alle anderen haben R.K. für „Rühmliche Kotletten" oder M. für "Mus-L-ehm", B. für „Bappkisten" oder H. für „Hals-Arme" oder K. für „Konfektions-Lo-se". Er wahr schon raus befor ich ihm sa-gen konte das E. für „Ei" steht, R.K. für „Reiß Krispies", M. für „Müßli", B. für „Banahnenmilch", H. für „Haferfloken" und K. für „Kaukau". Ich dachte immer ich bin die blötste Persohn in der Welt, aber der Pfarer Buhm schlägd mich um Lä-ngen.

Hat Gehralt die Stele in meinem Br-ief bemerkt wo stet ich habe kaine Pup-e? Ich habe nehmlich Kains fon diesen blöden Dingern. Wen er mir eine sche-nkt werde ich ihm nicht bärleidigen in-dem ich Sie nicht nehme. Ich werde so tun als op sie mir gefellt.

Logische bindungen Andromeda

P. S. Wen Jesus nur gute Mätchen mag glaube ich nicht das er mich auch mag, Anne. Ich fürchde nehmlich, eß hat mir gefalen alz Muter gesakt hat das sie geflehnt hat.

Hatz mir würglich, Anne.

Hey Ändi Pändi! Gerald meldet sich zur Stelle!

Was ist los? Ich höre, Du hast ein Scharmützel mit einem Steinfußboden verloren, und jetzt hat man Dich in St. Dingsbums auf die Folter gespannt. Danke übrigens für Deinen Brief. Der beste Brief, den ich je gekriegt habe, vor allem die Stelle, wie Onkel Ralph Deine Schwester Renate zum Quietschen bringt. Der muß sich da drinnen ja pudelwohl gefühl haben. Und die Sache mit Emnid Blei-Ton und ihren neu-erotischen Fünf Freunden ist auch nicht übel. Irgendwas sagt mir, daß ich mich mit Deinem Vater richtig gut verstehen würde. Apropos „Vater": Ich gehöre zwar nicht zu den „Raus-aus-den-Federn-bei-Morgengrauen-und-drei-Stunden-beten"-Typen, habe aber in Sachen Andromeda doch ein paar Mal dringlich zur heiligen Chefetage hochgefaxt. Bin nicht der einzige; demzufolge dürfte in absehbarer Zeit ein bißchen Äktsch'n von höchster Stelle zu erwarten sein. Setz Dich mal mit dem ollen Pater John in Verbindung – der ist pures Gold. Apropos Pater: Mein eigener alter Herr (Du weißt schon, der Faschist) ist neben der Kappe wie eh und je. Auf seine Weise ist Väterchen ja auch pures Gold, aber irgendwie latscht er in jeden Fettnapf, der für ihn rein anatomisch erreichbar ist. Neulich hat meine Kusine Wanda angerufen und gefragt, ob wir nicht mal für eine Nacht auf ihre Babys aufpassen können. Ach Ändi Pändi, Du solltest sie sehen! Drillinge – drei Jungs, ein Jahr alt. Sie heißen Schadrach, Meschach und Abednego. Ihr Vater ist Christ und Stahlarbeiter und fährt voll auf Feueröfen ab. Jedenfalls war Mama gerade weg, als der Anruf kam, deshalb hat Papa ihn entgegengenommen, und das Ende ihrer Unterredung verlief ungefähr folgendermaßen:

„Hallo Wanda ... ja, ich verstehe ... ja, seh' ich ein ... ja, natürlich ist es ein Notfall, ist doch ersichtlich ... Nur Freitag nacht? ... Na klar doch! Nullo problemo ... natürlich ist das mein Ernst. Wir sind *total verknallt* in Kinder ... Papperlapapp Wanda, keine Widerrede, da gibt's überhaupt kein Aber. Arrangiere nur alles und vergiß den Freitag abend ... nein ... es ist uns ein inneres Missionsfest. *Wirklich!* Ich werde es genießen ... ja ja ... tschüß, Wanda!"

Während des gesamten Telefonats versuchte ich, Papas Aufmerksamkeit auf mich zu ziehen, Ändi, aber er winkte immer wieder unwirsch ab, wie er es immer tut, wenn er in Fahrt ist. Nachdem er den Telefonhörer aufgelegt hatte, wandte er sich an mich und fing an, mich zur Schnecke zu machen.

„Ich bin bis dato davon ausgegangen", sagte er würdevoll, „daß es möglich sein sollte, in meinem eigenen Haus (in Wirklichkeit gehört ihm nicht mal der Schornstein, Ändi!) ein Telefonat zu führen, ohne daß der Sproß meiner Lenden wie ein Derwisch vor mir rumhampelt, weil er es nicht erwarten kann, seine völlig unmaßgeblichen Randglossen abzulassen."

„Tut mir leid, Papa", sagte ich, „hab' nur versucht, dir mitzuteilen, daß ..."

Just in diesem Augenblick kam Mama zur Tür herein und fragte, was los ist. Papa erklärte ihr alles, immer noch die Würde selbst. Als er zu der Stelle kam, wie ich versucht habe, ihn zu unterbrechen, ließ sie sich gegen die Tür fallen und begann hemmungslos zu kichern.

„Ich bin mir nicht bewußt", sagte Papa, „daß irgend etwas an meinen Ausführungen von besonderer Komik war."

„Ist es eigentlich auch gar nicht, Schatz", sagte Mama. „Ich denke bloß, Gerald wollte dir mitteilen, daß ich Freitag nicht hier sein werde, oder? Erinnerst du dich, Süßer? Ich habe Samantha Rind-Smythe versprochen, bei ihr zu übernachten."

Mein armer alter Herr wurde kreidebleich und begann zu zittern, Ändi, und seiner Kehle entfuhr eine Art gurgelnder Schrei. Er versuchte, die Sache mit Wanda „rückgängig" zu machen, aber sie war nicht zu Hause, als er sie anrief, und er wußte: Bis er sie erreicht, würde sie bereits alles in die Wege geleitet haben.

So nahte denn der Freitagabend. Mami weg bis zum nächsten Morgen, und Papachen wild entschlossen, sich seines Himmelfahrt-Kommandos in Gestalt von Schadrach, Meschach und Abednego mit Bravour zu entledigen. Ich glaube, Papa begann nach einer Weile sogar, die Knaben ein bißchen gern zu haben – mit Ausnahme von Abednego vielleicht. Abednego sieht wirklich Otto Waalkes zum Verwechseln ähnlich, Ändi, und beider Sinn für Humor unterscheidet sich auch nur unmerklich. Er bespritzte Papa mit Marmelade und Schlagsahne und klatschte anschließend vor Vergnügen jauchzend in seine Patschhändchen.

Immerhin waren Schadrach und Abednego gegen zehn eingeschlafen, während Meschach beschlossen hatte, daß jetzt ein ausgiebiger und tiefschürfender Klönschnack von Mann zu Mann angesagt ist. Er fuchtelte mit seinen Ärmchen in der Luft rum und brabbelte unaufhörlich unverständliche Laute vor sich hin (erinnerte mich an einige unserer Gemeindeglieder beim charismatischen Gottesdienst), während Papa mit müden Schlitzaugen dasaß und seinen Ausführungen lauschte.

„Denkst du, er sagt tatsächlich was?" fragte Papa nach einer Weile.

„Ja", sagte ich. „Ich denke, er hat eine Botschaft für dich – irgendwas Biblisches, nehme ich an. Ich meine sogar, ich kann interpretieren, was er sagt."

Mein Erzeuger läßt sich aber auch zu leicht auf die Schippe nehmen, Ändi Pändi. Ich nahm einen Zettel, schrieb was drauf, steckte es in einen Umschlag, klebte ihn zu und überreichte ihn Papa.

„Nimm hin, Papa!" sagte ich. „Da ist der Vers drin, den er dir meiner Meinung nach sagen will. Du öffnest den Umschlag morgen früh, und ich wette, du wirst bestätigen, daß es sich um eine treffliche Prophetie handelt!"

Papa sagte müde: „Mach keinen Quatsch, Gerald!" Aber er steckte den Umschlag in die Hosentasche – und ich ging ins Bett.

Du hättest Papa sehen sollen, als ich am Morgen runterkam,

Ändi. Sah aus wie ein verblichenes Walroß. Schadrach, Meschach und Abednego schnatterten und plapperten und kletterten und sabberten auf ihm rum und um ihn rum und über ihn weg.

„Gut geschlafen, Papa?“ fragte ich.

Mein armer Vater war nur noch ein graues Häufchen Elend mit matter Stimme.

„Nein, Gerald“, hauchte er schwach. „Ich hatte keine gute Nacht. Ich hatte eine schlechte Nacht. Ich hatte eine entsetzliche, scheußliche, gräßliche Nacht. Meschach hat seine Unterredung mit mir die ganze Nacht hindurch fortgesetzt – nur zweimal unterbrochen von bekackten Windeln. Schadrachs Windeln waren um eins naß, und um halb vier hat er die Flasche gebraucht, und Abednego hatte die Windeln zweimal voll, dreimal naß und einmal einen Schreikrampf. Sie sind *alle drei* seit fünf wach, und wenn du dich zu irgendeinem Witz hinreißen läßt, meuchle ich dich auf der Stille nieder!“

„Selbstredend ist auch mir nicht zum Scherzen zumute, Papi“, sagte ich in beschwichtigendem Tonfall. „Aber wolltest du dir nicht Meschachs Prophetie angucken?“

Papa sah mich einen Augenblick lang mit zusammengekniffenen Augen und trübem Blick an, dann zerrte er den Umschlag aus der Hosentasche und riß ihn auf.

„Mach schon, Papa!“ sagte ich. „Lies vor, was dir Meschach letzte Nacht sagen wollte.“

Papa hob mit sanfter Gewalt die Augenlider, dann las er laut:

„Erster Korintherbrief, Kapitel fünfzehn, Vers einundfünfzig: Wir werden nicht alle schlafen, aber wir werden alle verwandelt werden.“

Mußte schnell das Weite suchen, Ändi Pändi, oder er hätte mit Abednego nach mir geschmissen. Eigentlich hat mir Papa wirklich leid getan. Habe ihn ins Bett geschickt und selbst mit dem infernalischen Trio gerungen, bis Mama heimkam. Glaubst du, er schreibt das alles in sein kostbares Tagebuch? Wetten, daß?

Gut, meine kleine gefolterte Freundin, das ist erst mal alles für jetzt. Gegen Ende der Woche komm ich mal vorbei, und ich fürchte, ich habe Dir *tatsächlich* eine Puppe gekauft. Hoffe, es macht Dir nicht allzuviel aus.

Alles Liebe, Gerald

P.S. Ich habe ein Rätsel für Dich. Von welchem Eigennamen ist das folgende ein Anagramm: LOVE AND A DREAM?

P.P.S. Ein Anagramm ist, wenn man die Buchstaben durcheinanderschüttelt, aber ich gehe davon aus, daß Du das sowieso weißt, meine clevere Kleine!

Lieber Gehralt,

Ich haps rauß! Love and a dream ist 1 annnagranam von Adam Oralender!

L. Bgn.
Andromeda

Liebe Ändi Pändi,

guter Versuch – aber falsch! Probier's nochmal ...

Alles Liebe, Gerald

Lieber Fater John,

Ich weiß sie sind 1 solo-paterrer Nönnch, aber ißt es in ordnung, das ihnen kleine metchen mit angeknakssten Lenkeln schreiben, die alz Ahtraktzion im Krankenhaus sint? Lehben sie in 1-er Nönncherei? Dürfen sie überhaubt reden? Wen nicht solten sie sich 1 persöhnliches problem zulegen wie mein Freunt Gehralt. Daß hilft das die zeit ferget wenn mann (oder frau) horrorzontal ist oder nicht reden darf. Ich wollte auch mal 1e None werden, aber Papa meint, in diese Klufft würde ich nie passen. Was ißt da kohmisch dran? Wo klaft da eine Klufft?

Jednfalls mus ich ihnen ein Paar fragen stellen über Gott und so. Gwenda hat gehsagt rehligjohn is das Opi-Ium für die Maßen und Fater hat gefragt, ob wol deßhalb die rühmlichen Kotletten in der Kirsche so glasich kucken. Früer hat Muter immer mit mir gehbetet, aber neuerdinks ließt mir Gwenda abends for dem Schlafengen immer Stücke von einem vor, der sich Maus-Seetang nennt und was geschriehben hat was das Kleine Rote buch heisst. Ich Würde lieber mit eim Täddi kuschelln wie diese apstosende kleine nichte von Schwester Reh-Nahtee.

Anne Plass sagt Jesus ißt schon hier. Aber ich binn nicht so sicher, ausser wenn er sich alz Mister Blogg (der Föhrtner) ferkleidet hat. Mister Blogg ißt eine ser gehschwätzige Persohn und spukt immer in die kleinen Pappiertüten an der Wand, wenn Schwester Reh-Nahtee nicht kuckt. Ich were 1 Bischen enttäuscht, wenn der sich alz Jesus raußstellen sollte. Sie nicht auch, Fater John?

Hier sint meine fragen:

Wer hat Gott gemacht?

Wo ißt " ?

" " der Himmel?

Warum hat er nicht gehmacht

das mein Senkel nicht bricht?
Warum hohlt er Mutter nicht
nach Hause, wenn ich ihn d-
afür bete?
Wo ißt Fater?
Warum hohlt er ihn nicht,
wenn ich ihn bete?
Kriech ich balt Schockolade?
Kommt Älließ Schwaazer auch
in himmel?
Wan werde ich keine ahtrakz-
john meer sein?
Kommt ~~mann~~ frau auch in
Himmel, wenn ~~frau froh ißt~~
ich froh bin das Muter ~~gefle~~
~~nt~~ geweint hat?
(Erzehl Gott nicht das ich das
gehfragt habe um Gottes will-
en!)

Logische bindungen an alle in der
Nönncherei.
(Frau) Andromeda Veal
P.S. Heißt der Obernönnch in Klo-Stern
würglich Abort?

Meine liebe Frau Veal (darf ich Dich lieber Andromeda nennen?)!

Ich kann ganz ehrlich sagen, daß ich noch nie das Lesen eines Briefes mehr genossen habe als das Lesen Deines Briefes. Ich nahm ihn mit zum Frühstück und legte ihn neben mein gekochtes Ei, um mich in Frieden an ihm freuen zu können. Wir dürfen beim Frühstück nicht reden, und ich wurde vom Obernönnch (der *nicht* Abort heißt!) fast vor die Tür gesetzt, weil ich ständig über die herrlichen Sachen kichern mußte, die Du geschrieben hast. Wir solo-paterren Nönnche können gar nicht genug zum Schmunzeln kriegen, und deshalb bin ich Dir so dankbar. Das Leben in einer Nönncherei kann manchmal etwas sehr still sein, obwohl die anderen Brüder alle sehr nett sind. Übrigens hat mich Anne Plass vor einigen Tagen angerufen und mir mitgeteilt, daß Du im Krankenhaus liegst, nachdem Du einen häßlichen Unfall hattest. Ich hatte sowieso geplant, bei Dir reinzuschauen, wenn ich meine Kusine Pearl besuche, die gerade ein kleines Baby namens George zur Welt gebracht hat. Willst Du, daß ich George mitbringe, wenn ich Dich besuchen komme? Wie Du vermutlich weißt, stehen wir solo-paterren Nönnche nicht so aufs Heiraten und Kinderkriegen, deshalb würde ich Dir den kleinen George einfach gerne vorführen, als wäre er mein eigener Sohn und nicht nur mein geliebter kleiner Neffe. Laß mich das doch bitte machen, ja!?

Nun zu Deinen Fragen. Oh je, Andromeda – Du hast mich ganz schön in Schrecken versetzt! So gute Fragen – und so viele! Wir Nönnche sollten über solche Sachen ja eigentlich Bescheid wissen, aber ich saß bloß da, habe den Kopf geschüttelt und bin mir ganz dumm vorgekommen. Da hat mich Bruder Wilfried gefragt, was los ist. Er ist sehr alt und hat zwei kleine weiße

Haarbüschel, die ständig hochstehen. Ich sagte, eine junge Freundin hätte mir geschrieben und ein paar sehr schwere Fragen über Gott gestellt, und ich sei mir nicht sicher, was die Antwort ist.

„Runter an den See, Bruder John!“ sagte er. „Mach einen Spaziergang zum See und schau, was du findest. Ich kümmere mich inzwischen um deine Verpflichtungen. Und jetzt fort mit dir!“

Eines Tages, Andromeda, wird sich Bruder Wilfried in ein dickes Lächeln verwandeln und einfach zum Himmel schweben.

Ich ging also runter zum See, um zu sehen, was ich finde. Ich hoffe, Du wirst Gelegenheit haben, den See in der Nähe unserer Nönncherei zu sehen, sobald es Deinem Bein besser geht, Andromeda. Glänzend und friedlich liegt er da, umgeben von allen Arten von Bäumen. Ein kleiner Pfad führt ganz um ihn herum, so daß man immer weiter spazieren kann, bis man wieder da ankommt, wo man losgegangen ist. Hier ist ein Geheimnis, Andromeda – nur zwischen mir und Dir: Manchmal hopse ich den Pfad entlang! Ja! Kannst Du Dir das vorstellen – ich in meiner langen braunen Kutte, hüpfe da lang wie ein dummes altes Schaf, das vergessen hat, daß es kein munteres Lämmlein mehr ist!?

Jedenfalls bin ich da eine Weile langgegangen und habe auf all die winzigen Geräusche gelauscht, die man in der Nähe eines Sees gleichzeitig hören kann, bis ich an eine meiner Lieblingsstellen kam, wo ein alter Holzsteg durchs Ufergras hindurch direkt ins klare Wasser führt. Ich stellte mich auf die Vorderkante des Stegs, steckte die Arme in die weiten Ärmel meiner Kutte und hatte eine kleine Unterredung mit Gott. Ich habe aufgeschrieben, was wir gesagt haben, als wäre es eine Art Theaterstück. Mit PJ bin übrigens ich gemeint, Andromeda!

PJ: (versucht, sich heilig und gut zu fühlen) Gott, ich hab da ein paar Fragen ...

Gott: (unterbricht) Guck nur, das kleine Bläßhuhn zwischen

den Zweigen, John! Sieh nur sein weißes Gesichtchen. Nimm an, es sucht nach Futter. Ich habe es erschaffen, weißt du? Was denkst du?

PJ: Sehr hübsch, Gott – sehr hübsch, aber diese Fragen ...

Gott: (unterbricht abermals ganz aufgeregt) John! John! Guck nur, was uns über die Böschung entgegengewatschelt kommt! Mutter Gans mit ihrem Gatten und all den Küken. Guck nur, wie sie an ihnen rumnörgelt. Bist du da nicht froh, daß du solo-paterr bist? Guck nur, wie die kleinen Wattebällchen hintereinander hermarschieren! Und Papa hält den Nacken gebeugt und zischt dich an. Mach bloß keinen Krach, sagt er. Also, mach bloß keinen Krach, John! Die Kleinen sind ja so süß, da kriegt man gleich selber eine Gänsehaut! Nicht übel, was, John?

PJ: *Sehr* attraktiv, Gott. Sehr hübsch, aber ...

Gott: (klingt ein bißchen traurig) Ach John, du hättest das alles ganz am Anfang sehen sollen! Es war so herrlich! Und eines Tages wird es wieder so sein. Das ist doch aufregend, John, oder?

PJ: Sehr aufregend, Gott, selbstverständlich ist es das. Gott, die Sache mit Andromeda ...

Gott: (er unterbricht einen ständig, nicht wahr?) John, hast du je eine Gans gemacht?

PJ: Äh ... nein, Gott.

Gott: Hast du je ein Bläßhuhn erschaffen, John?

PJ: Nein, Gott, ich habe noch nie ein Bläßhuhn erschaffen.

Gott: Also, ich kann dir sagen, es ist ziemlich kompliziert, Bläßhühner und Gänse hinzukriegen. Andromeda zu helfen ist ein Kinderspiel im Vergleich zur Erschaffung eines Bläßhuhns. Geh zu ihr und sag ihr, daß ich sie sehr liebhabe und daß sie im Lauf der Zeit alle Antworten kriegen wird, die sie braucht. Sind bereits in Arbeit. Das wirst du ihr doch erzählen, nicht wahr, John?

PJ: Ja, Gott, das werde ich ihr erzählen.

Erwarte mich und George in Bälde, Andromeda. Hoffe, Du kannst uns auseinanderhalten. Wir sind beide kahl, aber er tropft mehr als ich.

Gottes Segen von allen in der Nönncherei,
Pater John

P.S. Warum schreibst Du Gott keinen Brief? Ich mache das manchmal.

Lieber Gehralt,

Ich haps jetzt! Der Tüp heisst
Mad Ronald Eve.

L. B.-en

Andromeda

Liebe Ändi Pändi,

guter Versuch – Falsch! Probier's nochmal ...

Alles Liebe, Gerald

Liehber Mister Plackli-Törf,

habe Irren Nahmen von jemant aus dem Krankenhauß wo ich alz Langzeitahtrraktzjohn liege seit der olle senkel ins Gras gebissen hat. Flach zu liegen heist aber nicht, das frau keine aufrechte n/ Meihnungen hat. Weil Sie unser öhrtlicher ~~Rehprä~~ ~~Rähprek~~ Apgehohrdneter sint dachte ich ich schreib ihnen eine Behschwerde hinbliklich der natuhralen Gehsunt-Heizdünste Brie-Tanniens im All-Gemeinen unt dises Krahnkenhaus im behsonderen. Main Freunt Gehralt (ehr hat sein persöhnliches problem als edle Spende zum Sozialistischen gehbrauch gestivtet) sagt das ich zwar eine Rotgrühne K.O.-tin bin unt sie ein schwarzer Mäitscherißt, aber das sie mier trozem zuhörn müsen, weil ich zu Irer potenzjellen welerschafft gehöre. Ich bin zwar erst 8 aber in 10 Jaren darf ich wehlen, na Pluckley-Turf, Alterchen, ich deute nur an

...!? Wen sie 1es tages Gehsunt-Heiz-Ministkus werden wolln brauchen sie alle Stimen die sie Kriegen könen!

Jeden falz! Eß geht um Schwester Reh-Natee die sich um miech kümert. Sie ißt kugelrunt und nett und lechelt fiel aber neulich hat sie am abend gehweind alz sie dachte ich schlafe schon. Ich hapsie gefrakt warum? unt sie iß hochgehüpft wie 1 Gumiball und hat mir gesakt es ißt weil sie so müde ißt, weil sie so fiel zu tun hat und weil eß nicht genuk Schwestern gipt und das sie ver Sucht noch mer zu tun aber nicht mer kann. Unt sie sakt sie ißt traurich weil mann/frau sich nicht so um die leute kümern Kan wies sein müßte. Dann lechelt sie plözlich wie die Sohne unt hat gesakt sie redet dumes Zeuch und fürt sich auff wie 1 blödes altes weib und dan hat sie mit mir schiffe fersenken geschpilt biß ich umgefaln bin.

Sie müsen nur im Paar Lament aufstehn, Mißter Pluckley-Turf, und sagen das Schwester Reh-Natee geweint hat und dann werden eß alle ferstehn unt Mister Mäitscher wird den Staatsbearmten sagen sie solln den Krankenhäusern mer Gelt geben damit alle Schwestern Reh-Natees wieder häppi sind, gell? Ich wätte sie könens gar nicht erwarten auffzustehn unt alles in Ohrdnung zu bringen, häh? Unt Mißter Mäitscher wirt sie danach bestimmt auf 1en Gans besondern Boßten befördern!

Sie denken doch auch das Schwäster Reh-Natees Krahnkenhaus mer Gelt haben sollte, oder Mißter Plackli-Törf?

Nochachtungsfoll
(Frau) Andromeda Veal

Geehrtes Fräulein Veal,

seien Sie versichert, daß jener Angelegenheit, auf die Ihr wertes Schreiben von letzter Woche Bezug genommen hat, die Aufmerksamkeit gewidmet wurde, gewidmet wird und auch fürderhin gewidmet werden wird, die der Bedeutung entspricht, die ihr von uns, die wir solche und ähnlich geartete Fälle im Interesse jener, vor denen wir uns letztendlich verantworten müssen, zu bedenken haben – ungeachtet, wer und wo sie sein oder nicht sein mögen – beigemessen wird. Sie bitten mich, unmißverständlich meinen Standpunkt im Blick auf die Fragestellung darzulegen, inwiefern dem Hospital, in dem Sie sich derzeitig aufhalten, eine Budgeterhöhung zum Zwecke der personellen Aufstockung zuzuerkennen ist, und vielleicht neigen Sie zu der Auffassung, daß Politiker unfähig sind, eine Frage eindeutig zu beantworten. Jener von mir auf Ihrer Seite vermutete Vermutung muß ich schärfstens entgegentreten, indem ich Ihre Frage mit einem unzweideutigen Vorbehalt erwidere. Was mich persönlich betrifft, kann ich ganz offen bekennen, daß ich es noch nie versäumt habe, für jene Sorge zu tragen, denen es ein Anliegen ist, sich für die Anmahnung von Reaktionen seitens amtlicher Personen wie meiner Wenigkeit im Falle von Angelegenheiten wie derjenigen, um die es sich handelt, verantwortlich zu fühlen, und stehe somit persönlich für eine Vorgehensweise ein, die, auf vielfache Weise, ganz und gar auf das Eine ausgerichtet ist, wenn es darum geht, sich konkret und vorurteilsfrei auf Aspekte zu konzentrieren, die der gesamten Sachlage nach ein völlig unvoreingenommenes und uneigennütziges Urteil erfordern.

Nun also zu den konkreten Umständen Ihrer persönlichen Lage. Sollten die Personalausgaben besagter Klinik aufgestockt werden? Ich kann Ihnen versichern, Fräulein Veal, daß ich mich nicht der sattsam bekannten frevelhaften Vernebelungstaktik schuldig machen werde, die ein untrügliches Merkmal jener Scheinantworten ist, die wir, die wir einer Kommunikationsweise verpflichtet sind, die im Blick auf ihre Konkretheit und ihren Respekt vor dem, was ich in den jeweiligen Umständen als die Wahrheit bezeichnen muß, nicht anders als in einer Sprache der Superlative beschrieben zu werden verdient, auf eine vorurteilsfreie, aber dennoch um peinliche Objektivität bemühte Weise bei jenen unserer Opponenten voraussetzen, denen man unter Umständen unterstellen kann, daß sie womöglich die leise Tendenz haben, in ihren Äußerungen nicht vollständig offen zu sein.

Ich hoffe, ich habe mich deutlich ausgedrückt.

Niemand von uns – ungeachtet seiner persönlichen, politischen und sozialen Überzeugungen und Neigungen – kann dem Problem der Personalausstattung in jenen Einrichtungen ausweichen, die in Zeiten physischer oder mentaler Not den ihnen aufgetragenen Pflichten Folge leisten oder Repräsentanten des korporativen Willens der steuerzahlenden Öffentlichkeit hinsichtlich der notwendigen Beseitigung der obenerwähnten Not sind. Ich verurteile und verabscheue jedweden Versuch, sich der Verantwortung zu entziehen, solch einem komplexen und – in der Atmosphäre einer negativen und daher potentiell positiven Wachstums- und Wohlstandskurve, wie sie derzeit zu verzeichnen ist – von großer Diversität gekennzeichneten Problem wie dem zur Verhandlung stehenden, entschlossen ins Auge zu sehen und seine Implikationen unbeirrbar auszuforschen, wie immer das Ergebnis dabei auch sein mag.

Ich bin persönlich gewillt, jedes Gramm von Energie und Einfluß, das mir zur Verfügung steht, in die Waagschale zu werfen zugunsten eines ganz und gar engagierten Aktes der Zurückhaltung, wenn es darum geht, irgendeinen Standpunkt unqualifiziert zu akzeptieren, der nicht auch die Komplexität einer Position integriert, die solch einem Standpunkt diametral und unverblümt entgegengesetzt ist, und ich befinde mich in völliger Übereinstimmung mit jenen, die es einerseits ablehnen, sich der einen oder anderen Anschauung unreflektiert anzuschließen und die anderseits von ganzem Herzen den Antrag unterstützen, die Einwilligung in die Unterstellung irgendeines Versagens im Blick auf dynamisches Vorgehen zu verweigern.

Muß ich mehr sagen? Sie können in unseren Händen getrost krank sein.

Hochachtungsvoll,
Ihr Hugh Pluckley-Turf

P.S. Jener Angestellten Renate, die Sie erwähnen, stehen wie allen Beschäftigten des Nationalen Gesundheitsdienstes freie Tage als Ausgleich für Überstunden zu. Mit einem Mindestmaß an Organisationstalent wird sie künftig keine weiteren Beschwerdegründe haben. Das System berücksichtigt ihre Art von Lage voll und ganz. Muß ich mehr sagen?

Lehber Mister Plackli-Törf!

Hääääh? Muß ich mehr sagen?

Notschlachtungsfoll
(Frau) Andromeda Veal

Liebe junge Person,

(ich halte es für besser, Deinen Vornamen nicht zu benutzen, da ich vermute, daß er einen okkulten und astrologischen Hintergrund hat. Haben Dein Vater und Deine Mutter etwa in den finsteren Wasserstrudeln der Esoterik rumgeplantscht? Mein angetrauter Gatte Stenneth und ich haben in diesem Bereich einen besonderen Dienst, nicht zuletzt deshalb, weil Stenneth als junger Mensch, unerlöst und noch dem Fleische anhangend, dem Kartentrick seines Großvaters ausgesetzt wurde. Dem Höchsten sei Dank, daß er nunmehr davon losgesagt ist; aber es kann uns allen eine Lehre sein!)

Dein Name und Deine Notlage wurden uns von einer Freundin der Anne Plass zur Kenntnis gebracht, mit der Du, wie ich glaube, korrespondierst. Es überrascht mich, daß es Anne versäumt hat, es mir gegenüber selbst zu erwähnen, so daß Stenneth und ich unsere Dienste hätten unmittelbar anbieten können. Aber das ist so typisch für die *liebe* Anne. So ganz und gar menschlich und so ganz und gar ihrem Manne zugetan, der nach meiner Auffassung *nicht* geistig zurückgeblieben ist, und ihrem Sohne Gerald, für den wir fortwährend beten, damit zu gegebener Zeit seiner Frivolität und seinem Mangel an Respekt Einhalt geboten werde. Erst letzte Woche nannte er unseren neuen Hilfsgeistlichen, einen dünnen langen Menschen mit wenigen roten Haaren auf dem Kopf, „Makkaroni-Pastor Schütter". Zu meinem Leidwesen muß ich berichten, daß die Majorität des Hauskreises diese Bemerkung hochgradig amüsant zu finden schien. Ich betete in der Stille für die Anwesenden, und das Entsetzen meines Gatten Stenneth äußerte sich darin, daß er einen Erstickungsanfall bekam und das Zimmer verlassen mußte. Dennoch verurteile ich Gerald nicht. Ein anderer wird das tun.

Nun zu Deinem Unfall. Ich frage mich, meine Liebe, ob es in Deinem Leben nicht irgendeine häßliche Kleinigkeit gibt, die unter das Blut gebracht werden muß. Ich entsinne mich eines Vorfalles vor wenigen Monaten, als Stenneth vom Dachboden fiel, nachdem er die Leiter hochgeklettert war, um für mich einen gewissen Gegenstand herabzuholen. Er hatte zuvor den Standpunkt vertreten, daß die Leiter in einem derart irreparablen Zustand sei, daß sie seinem Gewicht kaum gewachsen sein würde. Ich erklärte mich deshalb bereit, am Fuße der Leiter zu stehen und die Sprossen durch einen Akt des Glaubens vor dem Bruch zu bewahren. Als er auf dem Boden gelandet war, stöhnte und sich das untere Ende des Rückgrats rieb, frug ich auch *ihn*, ob es in seinem Leben nicht etwa eine winzige nicht bekannte Sünde gibt, auf die er auf diese Weise liebevoll hingewiesen würde. Augenblicklich ergriff – vor meinen eigenen Augen! – ein Geist unbeherrschten Zornes von Stenneth Besitz, so daß es fast zu einer physischen Attacke auf meine Person ge-

kommen wäre. Er schrie, der einzige Fehler, den er je begangen hätte, sei der gewesen, „Ratschläge von hohlköpfigen A . . . löchern anzunehmen, die so geistlich sind wie eine Glühbirne". (Ich hielt das für ein wenig hart im Hinblick auf Deinen Onkel Edwin, der, wiewohl er die biblischen Kriterien für das Pastorenamt nicht völlig erfüllt, dennoch versucht, sein Bestes zu geben.) Stenneths Leugnen zum Trotz war ich jedoch nicht überrascht, als ich – versteckt unter dem Teil der ehelichen Matratze, der ihm zugeteilt ist – ein Exemplar eines gewissen Magazins fand, das sich mit der Konstruktion von Sperrholzfliegern befaßt, einem Gebiet, dem Stenneth einst im Fleische verfallen war und dem er abgeschworen hatte, nachdem mir offenbar geworden war, daß die Anzahl von Buchstaben in „Sperrholz" mit dem Alter multipliziert, in dem der Vater meiner heiligmäßigen Kusine zweiten Grades Marion starb, nämlich 74, das Resultat 666 ergibt, die Zahl des „Tiers aus dem Abgrund"! Beim Entdecken dieser Publikation war mir schlagartig klar, daß Stenneth heimlich lüsterne Blicke auf ungebührliche Konstruktionszeichnungen geheftet hatte und daß sein Fall vom Dachboden ein Ruf zur Buße war.

Also, junge Person, gibt es einen kleinen Knoten in der Schnur Deines Lebens? Wenn dem so ist, mußt Du ihn lösen und dafür Sorge tragen, daß Dein Lebensfaden künftig unverknotet bleibt.

Ich habe Stenneth gesagt, daß es auch seine Pflicht ist, Dir zu schreiben, und es wird Dich begeistern zu hören, daß ich womöglich schon bald in der Lage sein werde, Dich zu besuchen. Wäre das nicht wundervoll?

Mit freundlichen Grüßen
Victoria Flushpool

P.S. Die Plassens *meinen* es wirklich gut, meine Liebe.

Liebe Anne,

Missis Flaschpuhl hat mir 1en komischen brif geschriben den ich nicht Riechtisch ferstehe. Kukst du Dier bitte die Abschrifft meineß Andwortschreibens ahn und sakst mir ob das in Ohrdnung ißt? Sie gruselt mich ein bischen.

Liebe Misses Flaschpuhl,
ich bin nicht sicher opsie eklich sint oder nett. Waß fon beiden? Ich frage miech. Ich weis nicht Waruhm si so eklische sachen über meinen Freunt Gehrahlt sagen. One ~~sein~~ sein persöhnliches problem were ich föllich fix und foxi. Würden sie jehmant ihr persöhnliches problem borgen ~~we~~ wenn ehr oder si horrorzontal were? Fragen sie sich mal selpst Misses Flaschpuhl, na?

Nochwaß. Gerahlt hat Mietgefühl für sie Misses Flaschpuhl!

Alz ich bei den Plassens war hab-
e ich gehöhrt wie er zu dem farsch-
isßten gehsagt hat sie (Misses Fla-
schpuhl) sehn aus als op sie an
ferschtopfung leiden und alz Med-
iziehn jeden Tag 1 liter Eßig tri-
nken. So ~~s~~ sorgt er sich um sieh!
Unt er hat Anne erzähld wie geh-
bildert sieh sint! Sie könen stolz
sein auf ihrn Doktohrtittel in Fah-
risehißmuß hat er gesakt. Anne wu-
rde aus irgent nem Grunt böse auf
Gehralt alß er daß sakte. Aber sie
hat gelechelt als sie daß Ziemer Verlies.
Ehrwaxne sint 1 Büschen komisch
wen sie mich fragen.

Ich fürchte ich habe fiel von Ih-
rem Brief nicht ferstanden, aber sie
fragen op meine Ältern jeh Mahls
geplanscht haben. Ich weis zwar n-
icht waß sie das anget Misses Flasc-
hpuhl, aber wen Sies gehnau wißen
Wolln, sie haben 1mal geplanscht
alz wir ihn den Feerien in Breiton

Wahn. Fater rolte die Hohsen nach oben und Muter hiehlt das Kleit hoch (man/frau konnte ihre Dä-Bouß sehn, Misses Flaschpuhl!). Unt sie hoppßten am strant lang. Sie warn dahmalz Gans häppi aber alz sie nextes Jahr wieder da warn hat Muter Gwenda gehtrofen unt alles fing an Schiff zu gehn. Fater haßt Breiton jetzt. Er sakt du m-usd ein waiplicher markssistischer homer-sekt-süeller schwüler bukli-cher Gnohm mit einen Fervolgungs-klompleks sein wen du in Breiton landen wilst.

Daß mus ein Gans komischer Ohrt sein! Ich dachde forher imer, es liechd ein Fach am Mer.

Ich erinere mich an irren Mann Misses Flaschpuhl. Ehr ißt Gans Klein unt sakt imer Aamen dazu! und kukt Gans traurich wenn kei-ner kukt. Hat ehr irgentein grohs-ses problem? Saken sie ihm er soll

Gerhahlt bitten ihm ein Paar fon seinen Witsen zu erzelen. Die sind würglisch lustich!

Nahja Misses Flaschpuhl. Daß wärs für heut. Halten sie die orn' unt sämdliche andern Glieder steiff wie mein Fater imer sagt.

Grus
(Frau) Andromeda Veal

P.S. Was ißt mit meinem Nahmen ferkert? Imer noch beßer alß nach einem Banhof benant zu sein wie sie, Misses Vicktoria Flaschpuhl, oder?

Also, daß ißt der brieff, Anne. Wie findeßt du ihn? Jezt wird sie bestimt ein bischen beßer über Gehralt denken, oder? Fiel leicht läht sie ihn jetzt zum TEE ein oder so. Ich schike den Brief morgen an sie ap!

Lohgische bindungen,

Andromeda

Liebe Anne,

ojeh, ich war Gans schön überasch-
t als heute früh Schwätzer Reh-Natee ka-
hm unt sagte du haßt angehrufen unt
gesaßt ich soll den Brieff nicht an Mi-
sses Flaschpuhl schieken. Sie ~~x~~ sagte du
bißt ein bieschen ~~aufregend~~ aufgeregt ge-
hwesen. Wollte den Brieff gerade zur Po-
st geben, Anne. Schade, weil ich noch an-
gefücht habe das Gehralt gehsagt hat das
Misses Flaschpuhl alz Gott das KINN fer-
teilt hat ferstanden hat Er hat GIN gesagt
und „mier biete doppelt!" bestelt hat. Hätte
sie nicht furchtbar gelacht, Anne? Biete
las mich wiessen warum ich den brieff
nicht abschicken soll. Ich häte sie fielleich-
t aufgehmuntert, oder?

Logische bindungen,

Andromeda

Liebe Ändi Pändi,

schade, daß Du noch keine Puppe hast. Aber was nicht ist, kann ja noch werden. Ich weiß, sie sind „schlimm", aber andererseits nehme ich an, Du bist richtig gut im Schmusen und Kuscheln und Umarmen. Das kann man von meinem Papa nicht sagen. Jedenfalls konnte man das nicht sagen – bis vor ein paar Tagen. Da hat nämlich im Sonntagsgottesdienst jemand was gesagt, und – richtig, Du hast's erraten! – Papi hat es wieder einmal wie üblich auf die Spitze getrieben. Hättest Du das alles in Dein Tagebuch geschrieben? Ich auch nicht. Na schön. Hier kommt also wieder mal mein Papa zu Dir . . .

Sonntag

Mit Anne, Gerald und unserem kleinen Neffen Abednego in der Kirche, der ein paar Tage bei uns ist.

Der Gottesdienst wurde von einem Menschen namens Verne Tillingford geleitet, der den Ablauf damit einleitete, daß er verkündigte, wir sollten zunächst all unsere Gehemmtheit samt unseren Schuhen ausschütteln, damit wir für Gott tanzen könnten wie glückliche Narren. Er verlangte ferner sinngemäß von uns, jedesmal, wenn er „Ehre!" brüllt, die Brüder und Schwestern in unserer unmittelbaren Umgebung zu umarmen und abzuknutschen – oder so ähnlich.

Spürte, wie ich erbleichte.

Der Rest des Gottesdienstes entwickelte sich zu einer Schlacht zwischen Gerald, Anne und mir um das Vorrecht, Abednego halten zu dürfen; als legitime Ausrede für allzu zögerliches Mitmachen, wenn angesagt ist, dich beherzt in den feucht-fröhlichen Wärmeaustausch um dich herum hineinzustürzen, gibt es nichts Besseres als ein solides Baby auf dem Arm.

Der arme Abednego muß während der nächsten halben Stunde ganz schön gezerrt und gestreckt worden sein. Immer, wenn es so aussah, als würde Verne gleich wieder „Ehre!" schreien, grabschten die beiden Kinderlosen nach Teilen des Knaben und bestanden darauf, daß sie wieder an der Reihe sind, den Wonnekloß zu halten, und daß ihnen das Gewicht wirklich nichts ausmacht.

Das Ganze wurde durch den Umstand verkompliziert, daß Abednego überhaupt nicht nach Gehaltenwerden zumute war – von keinem! – und daß er sein Mißfallen durch einen Mangel an Gehemmtheit kundtat, der ganz im Sinne von Verne Tillingford gewesen sein muß.

Beim Kirchenkaffee kam die hübsche Norma Twill auf mich zu und sagte: „Ich habe gemerkt, daß du während des Gottesdienstes gar nicht richtig mitmachen konntest, Adrian, weil du versuchen mußtest, das Kind zur Ruhe zu bringen. Deswegen habe ich gedacht, ich nehme dich jetzt in den Arm!" Sie umarmte mich und gab mir ein Küßchen auf die Backe.

Hmmmm ... vielleicht ist an dieser Umarmerei doch was dran?

Donnerstag

Am Abend Hauskreis.

Verne hatte recht! Wir sind einfach alle viel zu gehemmt! Umarmungen und Küsse helfen wirklich, Gemeinschaft zu schaffen.

Umarmte und küßte Gloria Marsh, als sie eintraf. Ebenso Norma Twill, Liza Rawlings – sie hat große violette Augen (nicht, daß das von Belang wäre) – und Lizzie Burlesford, die gerade auf Semesterferien von der Uni da ist und plötzlich erstaunlich gereift wirkt.

Umarmte und küßte die vier nochmals, als sie gingen. Es ist großartig, derart gelöst und unverkrampft zu sein!

Freitag

Anne war beim Frühstück heute morgen ziemlich muffig;

ohne ersichtlichen Anlaß suchte sie fortwährend Streit.

Als Gerald weg war, fragte ich Anne, was los ist.

Sie sagte: „Beim Hauskreis gestern abend hast du die vier attraktivsten Frauen umarmt und geküßt."

Ich erwiderte: „Aber es hat sich um heilige Umarmungen und Küsse gehalten, gleichsam geschwisterlich, im Herrn sozusagen ..."

Sie fragte: „Und warum hast du dann nicht auch die alte Frau Thynn sozusagen im Herrn umarmt und geküßt? Oder Leonard, wenn wir schon dabei sind – gleichsam geschwisterlich?"

Ich sagte: „Na ja ääh ... na ja ääh ... Ich ääh ..."

Kaufte Anne nach der Arbeit ein paar Blumen. Umarmte und küßte sie, als ich nach Hause kam. War aber immer noch ein bißchen kratzbürstig.

Am Abend kam Leonard vorbei. Anne zischte: „Na los, mach schon!"

Umarmte Leonard vorsichtig. Tränen schossen aus seinen Augen. Er sagte: „Das hast du noch nie gemacht!"

Fühlte mich dabei noch besser – wenn auch *selbstverständlich* auf *völlig* andere Weise, wie ich dick unterstreichen möchte – als bei der Umarmung mit Norma Twill.

In diesem Sinne viele Umarmungen auch von mir, Ändi Pändi,
alles Liebe,
Gerald

Liebe Ahne,

Oo Ane! Ratte Mahl, was wahr! Pater John wahr Gehstern hier wie versprochen. Und Ratte Mahl, was wahr! Ehr hat den kleinen GEORGE (dehn schreibt Mann/Frau so, Frack nich warum!) mitgebracht. Und Ratte mahl, was wahr, Anne! George mag mich, würglich! Seine Muter heißt Pörl und sie hat zu Pater John gesakt es macht ihr nichts aus wen George und ich uns träffen. Und daß haben wir. Und Ratte Mahl, waß! Ehr hat mich angelechelt und ... Hör Mal Ahne! Weißt du wie Beebie-Hände sind? Sie sind klitzeklein, nicht wahr? Georges Hände sind Gans Gans itzebizeklizeklein und Pater John hat gesakt wir sollten uns erzehlen, an was uns die Hände erinern. Ehr hat gesakt er findet sie Seen aus wie 10 geschelte Garnelen. Daß wahr ziemlich gut oder Anne? Ich wollte mir noch was be-

Bres einfalen lassen und dachte Gans ahngestrenkt nach, nach was Georges kleine Finkerlein aussähen, wie sie aus den kleinen Ermelchen rauskucken. Und Ratte Mahl, was war! Ich muste dran denken wie ich mit Fater in Breiton am Strand wahr und wie ehr 1 klitzeklein-es Muhschlhaus aus 1er Pfelsfütze auf-gehoben hat und gehsakt: Paß Mahl auf Ändikäferchen! (Däddi hat mich immer Ändikäferchen genant, Ahne!) Und nach ner Weile kamen ein Paar bitzikleine Beine aus der Schahle raus-gekrochen und 1e kleine Krehaartour ißt über Däddis Hand gerannt und hat ihr Zuhause im Mehr gesucht. Däddi hat gesakt Mann (Frau) nennt Sie 1-Siedler-Kreppse. Die ~~Clown~~ Klau-n das Haus fon ner Strantschneke, wen die gerade Spatz-zieren ißt.

Ich sage also zu Pater John das Geor-ges Fingerchen wie sie auß dem Ermelchen rauskomen aussähen wie die Füße von nem 1-Siedler-Krepps, der aus 1nem

Schneckenhaus kommt. Und Ratte Mahl, was! Pater John hat gesakt meine Ide war am besten! Besser wie die gehscheelten Garnehlen! Irre klewer für jemant die 1ne horrorzontale Ahtraktzjohn ißt ohder Ahne? Pater John hat gesakt Ehr hat gleich gemerkt das George mich m-aag, weil er mich Gans glücklich angekukt hat und dabei seine (Johns) Nönchskuhte follgesabbert hat.
Dann kam Schwester Reh-Natee und sakte ist er nicht süüüüß und ißt er niecht seinem Pappi (sie meinte Pater John!) wie ausm Gesicht geschnittn? Da hab ich sie 1 Gans Bißchen in den ~~hindern~~ Poo gezwiggt und habe gehflüßtert – Ehr ißt 1 solopatterrer Nönch und lebt in 1er Nönncherei. Da hat sie seine Kuhte geh Seen und ißt Gans rot geworden, aber Pater John hat gesakt es ißt ookee und er vüllt sich geschmeichlt. Mann/Frau sollte denken Schwester Reh-Natee hat Meer Grütse im Kopf, wo sie doch ne Höre Bildung hat und so? Pater

John hat gesabt ich bin Georges Tante
Ehren-Halbbär. Da biste platt was?

Logische Bindungen,
Andromeda

P.S. Mus dir NOCHWAS sagen Ahne.
Sacks nich weiter weils so doof klingt.
Aber Ratte Mahl was ich gedacht habe a-
ls ich grade so dalak. Pater John redet
nur über Enten und Bless-Hühner und
Beebies und so, aber wenn er weg ißt, ißt
es so als ob Jehsus da war. Komisch o-
der?

(Joh. 5,39) (Apg. 19,9) (Spr. 19,15) (Hos. 9,1)
Bibel-Schule Tiefe Freude
(Matth. 7,14) Schmaler Weg (1. Sam. 27,10)
Dumpfton
Nosex

(Jer. 31,20)

Liebe Andromeda,

ICH (1. Mos. 6,17; 2. Mos. 3,11; 3. Mos. 26,28; 4. Mos. 3,12; 5. Mos. 7,17; Jos. 14,7; Ri. 5,3; 1. Sam. 24,17; 2. Sam. 3,28; Hi. 1,15; Esr. 7,21; Neh. 5,15; Esth. 4,16; Ps. 61,2; Pred. 2,25; Hebr. 2,13; Offb. 1,17; Jes. 44,7; Matth. 18,20) **WERDE** (5. Mos. 21,14; Hi. 13,13; Spr. 21,1; Dan. 4,17; Matth. 8,3; Mark. 1,41; Luk. 5.13; Joh. 5,21; Apg. 18,21; Rö. 7,13; 1. Kor. 4,19; Phil. 2,13; Tit. 3,8; Jes. 4,15; Offb. 11,6; Dan. 4,35; Kol. 1,9) **JEDEN** (1. Mos. 6,5; 3. Mos. 19,10; 4. Mos. 5.2; 1. Sam. 3,18; Ps. 119,101; Spr. 2,9; Jes. 45,23; Rö. 14,11; Jer. 51,29; Hes. 12,23; Dan. 11,36; Sach. 12,12; Mal. 1,11; Matth. 4,4; Luk. 4,37; Apg. 2,43; 1. Kor. 4,17; 2. Kor. 10,5; Eph. 1,21; Phil. 2,9) **TAG** (1. Mos. 1,5; 2. Mos. 21,21; 3. Mos. 23,37; 4. Mos. 3,13; 5. Mos. 4,10; Jos. 6,10; Ri. 16,2; Rt. 4,5; 1. Sam. 9,15; Jer. 15,9; Neh. 4,2; Est. 9,17; Hi. 1,4; Ps. 19,2; Spr. 4,18; Jes. 7,17; Jer. 12,3; Hes. 4,6) **FÜR** (5. Mos. 4,7; 2. Sam. 11,22; Spr. 28,21; Matth. 5,45; Joh. 1,16; Rö. 13,6; 2. Kor. 5,1; 2. Petr. 3,12; Matth. 6,7; 2. Kor. 13,8; Matth. 25,35) **DICH** (Jos. 3,4; Hi. 16,4; Jes. 59,2; Hes. 11,19; Am. 2,13; Luk. 10,16; Rö. 2,24; 2. Kor. 9,4; Eph. 2,1; Kol. 1,21; 1. Mos. 9,9; 3. Mos. 25,46; 5. Mos. 11,4; 1. Sam. 25,19; Jer. 42,16; 2. Kor. 9,14; Phil. 1,8; 2. Mos. 10,16; 3. Mos. 26,17; Jer. 44,11; 4. Mos. 17,5; 5. Mos. 1,44; Jos. 23,16; Mi. 1,2) **BETEN** (1. Mos. 20,7; 1. Sam. 7,5,;

2. Sam. 7,27; Esr. 6,10; 1. Kö. 8,13; 1. Chr. 17,25; Neh. 1,6; Hi. 21,15; Ps. 5,2; Jes. 16,12; Jer. 7,16; Sach. 7,2; Matth. 5,44; Luk. 16,27; Matth. 6,5; Mark. 13,18; Rö. 8,26; Phil. 1,9; Hebr. 13,18; 1. Tim. 2,8).

In Liebe (1. Mos. 29,20; 2. Sam. 1,26; Spr. 5,19; Pred. 9,1; Jer. 2,2; Hes. 16,8; Dan. 1,9; Hos. 3,1; Matth. 24,12; Joh. 13,35; Rö. 8,35; Gal. 5,6; Kol. 1,4),
Charles
* (Spr. 27,6; Luk. 7,45; Rö. 16,16; 1. Thess. 5,26; Hos. 13,2; Ps. 2,12)

Lieber Gehralt ich haps jetzt! Die Pers-
ohn die du maagst ißt

EVA RAADDLEMOAN!

Eva Raddlemoan ißt doch hoff endlich
kein kleines Medchen (Frau) oder?

Liebe Ändi-Pändi,

Eva Raddlemoan?! Du machst wohl Witze! Noch ein Tip: Diese Person, die ich SEHR, SEHR GERN HABE, hat die Anfangsbuchstaben AV. Na komm schon!!!

Alles Liebe,
Gerald

Liehber Gott,

Ein Freund fon dir nahmens Pater John hat gesakt es ißt in Ordnung wen ich zu dir ~~schreie~~ schreibe. Wie du weist (nachdem du ja Aal-Wiesent Biest) bin ich zurzeit eine horrorzontale Ahatraktzijohn aber ich hoffe das ich senkelmäßig schon ballt wieder 1 A sein werde. Pater John hat mir alles mit Jehsus und mit dem Kreuz undsoweiter erklert. Ehr sagt ich kan auch dabei sein wen ich dabei sein will Gott, aber ich führchte du maxt dabei Kain gutes Geschäft Gott!

Ich hab mich nähmlich gefreud als Muter gesakt hat sie hat geflennt. Ziemich miess Gott oder? Kann man/frau trozdem daß ewiche Sehlnheil kriegen wenn frau/mann froh ißt das Muter hoilt, Gott? Pater John sakt du fergiebst alles, aber Nönnche übertreiben alles ein Bißchen nichwar?

Entschuldige das ich daß sage, aber ich glaube ich ferstehe ein Bißchen wie

daß mit Jehsus und dem Kreuz wahr.
Als Pater John daß ales erzehlt hat
habe ich gesakt das Mus ein Bißchen
so sein als wen Mann horrorzontal
gehsteckt Wirt wie ich - blos Wärte-
kahl. Ehr hat gesakt so ißt es und
ich hab gefrakt: Dann wahr also Jeh-
sus auch eine Ahatraktzjohn wie ich?
Da sint die Augen fon Pater John Ga-
ns nass geworden und Ehr hat gesakt
- Ja Andromeda, Jehsus wahr eine Ah-
atraktzjohn genau wie du. Ehr hat
durch seine Trehnen durchgelechelt, Gott!!
Ob da ein Regenbogen in meinen Gehsicht
erschinen ißt, Gott? Als Pater John da-
ß nächste Mahl kam, hat er mir ein
Kahl-Ei-Boskop mitgebracht. Daß ißt
toll Gott! Du kuckst durch dieses fitze-
bitzebitzekleine Loch und siest die fielen
glitzekleinen Glittersplitter die ein ultra-
superduperschönes Mußter machen. Pater
John sakt ich könte ein inzig-winziger
Splitterglitter fon dem Kahlei-Boskop sein,
daß Jesus ißt. Wenn du also daß näxte

Mahl durch ein kleines Loch an deinem Sohn Jehsus kuckst weist du das einer d-er kleinen Glittersplitter (Frau) Andromeda Veal ißt.

Daß andre wahrum ich schreibe ißt wegen Muter und Fater und Gwenda. Ich hofe du Kriegst daß auf die Reie. Pater John sakt, die haben alle was durch 1 Ander gebracht. Ne rissige Aufgabe für dich Gott! Daß lezte Mahl habe ich sie aale zusamen gesehen als sich Gwen-da in den Finger geschniten hatte und Fater die Fahratreifen-Rehperad-Turbü-xe anschleppte. Da hat Muhter gesakt Fater soll Leine ziehn und nie Mahls wiederkomen.

Dicker Broken, was Gott? Da must du mintestens nen Ehrzenkel drauf ahn-sezen!

Logische Bindungen
(Frau) Andromeda Veal

P. S. Ich glaube du kennst auch den Ge-
orge, Fater Johns Nähfee. Der ißt ein
turboafengeiles Beebie und mag mich.
Neulich hat ihn jehmannd zu Besuch
zu seinem Onkel in die Nönncherei geb-
racht und Pater John hat ihn einen Au-
genblik mit Bruder Wilf aalein gelasen
weil er wohin muste. Jedenfals! Ehr hat
gesakt, als er wiederkamm haben George
und Bruder Wilf (daß ißt der mit den
weisen Harbüschln die ihm fom Kopf
wegstehn Gott. Kennst du dehn?) sich
angelechelt und eine Seh-Kunde lang hat
ehr gedacht die beiden sind Gans genau-
soalt! Ulkich, was Gott? Der eine ißt
Gans alt und der andre ißt kaum Geh-
born.

P. P. S. Ich adresiere daß an Gott c/o
Himmel. Hofe das geht in Ordnung!

Lieber Gehralt,

Alan Veedordam! Na?
L. Bgn.
Andi - Pändi
(so nenst DU mich, Gehralt)

Liebe Ändi Pändi,

kannst Du Dir allen Ernstes vorstellen, ich könnte jemanden WAHNSINNIG GERN HABEN, der Alan Veedeordam heißt? Ich kann das ja nicht mal aussprechen! Ich sehe schon, ich muß Dir noch viel mehr Tips geben. Also! Die Person, deren Name ein Anagramm von „Love and a Dream“ ist, ist:

1. Eine Person, die ich WAHNSINNIG GERN HABE.
2. Eine Person, deren Initialen AV sind.
3. Eine Person, die mit einem Beinbruch im Krankenhaus liegt.
4. Eine Person, die acht Jahre alt ist.
5. Eine Person, die auf eine blöde schöne Puppe steht.
6. Eine Person, die sehr hübsch ist.
7. Eine Person, die von mir eine neue persönliche Stereo-Walk-Person bekommt, wenn sie Geburtstag hat.

Alles Liebe, Gerald

Lieber Gehralt,

Ooo Gehralt! Das war ich! Ohh Gehralt! Love and a Dream! Oohh Gehralt!

L. Bgn.

Andromeda Veal
(Andi - Pändi) X.

Globale christliche Unterhaltungs-Kampagne
Projekt: Musik für den Planeten Erde
Baracke Nummer 3
Waffenstillstandsweg
Bagshot

Telefon: Wiederherstellung der Leitung nach Eingang des erwarteten Glaubensgehalts

Lieber Bruder oder liebe Schwester,

wie wahr ist es doch, daß sich eine neue Tür auftut, wenn eine alte zufällt. Wir wissen nunmehr, daß das universale Bekehrungs-Kolleg-Projekt nur unseren Glauben prüfen sollte, um uns für die EIGENTLICHE Aufgabe vorzubereiten: in aller Welt musikalisch-evangelistische Massenveranstaltungen zu organisieren und zu finanzieren. Leider Gottes haben einige wenige vormalige Mitstreiter unsere Reihen verlassen, weil sie der Ansicht sind, daß wir nicht mehr der Erfüllung unserer frühesten prophetischen Eingebung (daß das Kolleg bis zur Wiederkunft des Herrn bestehen und Frucht tragen würde) nachstreben. Unglückseligerweise waren besagte uns verlassen habende Brüder außerstande, den Glauben an unseren göttlich inspirierten Richtungswechsel zu halten, und *der Glaube allein* ist es schließlich und endlich, der das Werk des Herrn trägt und ermöglicht.

Einmal mehr müssen wir für die nunmehr noch armseligere Papier- und Druckqualität unseres Rundbriefes um Verständnis bitten, aber die Mittel reichen derzeit nicht aus, um unseren Vervielfältigungsapparat zu reparieren und die Papiervorräte aufzustocken. Einmal mehr jedoch wurde uns alles, des' wir bedürfen, auf wunderbare Weise geschenkt. Einem der Unseren fiel auf dem Dachboden seines Elternhauses „zufällig" ein alter

Kinderdruckkasten in die Hände. Genau an demselben Tag entdeckten wir – so unglaublich es klingt – eine anonyme Spende von fast 50 Packpapiertüten zweiter Wahl, die jemand einfach auf der Straße vor unserer Baracke hatte liegen lassen! Ein Wunder fürwahr! Und ein klarer Hinweis darauf, daß wir auf dem rechten Pfad sind.

Und als hätte es weiterer Beweisc bedurft: Es ist erst zwei Wochen her, seit uns unzweideutig offenbart wurde, daß wir drei, die wir übrig geblieben sind, eine neue musikalische Streitmacht bilden sollen, die das Konzept christlicher Musik rund um den Erdball revolutionieren wird. In diesen Wochen habe ich es geschafft, auf der Gitarre meiner kleinen Schwester nahezu fehlerfrei den e-Moll- und den G-Dur-Akkord zu greifen. Wenn weiterhin ein Strom von Spenden herbeigebetet wird und es möglich sein wird, auch die beiden noch fehlenden Saiten zu erstehen, glaube ich von ganzem Herzen, daß ich bis Weihnachten in die Lage versetzt bin, eine drei-akkordige Begleitung zu „Stille Nacht" zu spielen. Solcher Fortschritt läßt sich *natürlich* nicht mehr erklären!

Eine Menge musikalisches *Equipment* wird vonnöten sein, einschließlich *Sound Systems*, eine Anzahl erstklassiger Gitarren, *Drums* und Schlagzeuge, mehrere *Keyboards*, spezielle *Light Effect Systems* und natürlich eine Anzahl von Transportbussen und *Range Rovers*, um das *Equipment* zu unseren Veranstaltungen in aller Welt zu befördern. Ein Plektron aus zweiter Hand und ein Skateboard besitzen wir schon, das Angeld, wie wir glauben, des Überflusses, der uns erwartet. Bitte beten Sie, daß meine kleine Schwester das Fehlen ihrer Gitarre nicht vor Weihnachten bemerkt.

Gewisser denn je glauben wir, daß wir dazu berufen sind, allein aus dem Glauben zu leben und zu arbeiten, ohne Probleme oder Nöte zu erwähnen, die durch finanzielle Zuwendungen gelindert werden könnten. Solche Schwierigkeiten sind – weiß Gott – im Übermaß vorhanden. Ihre Aufzählung würde mehrere Papiertüten bedecken. Aber wir sind zuversichtlich, daß die notwendigen Mittel eintreffen *werden* – und was bedeuten schließlich Hunger, Kälte, Blöße und Unbill jeglicher Art angesichts des Wachsens Seines Reiches? Einmal mehr fordern wir ganz leidenschaftslos alle diejenigen auf, die sich geführt fühlen, ihr Geld für oberflächliche Privatvergnügungen auszugeben anstatt für das Werk des Herrn, dies in aller Freiheit zu tun. Wir legen keinerlei Wert auf Ihre Schecks und Überweisungen (zugunsten der GCUK), wenn Ihnen der Bau Seines Reiches kein aufrichtiges Herzensanliegen ist.

In Seinem Frieden
Vernon Rawlings

P.S. Das Neueste über Musikveranstaltungen folgt in Kürze. Wir gehen davon aus, demnächst in Las Vegas, im Wembley-Stadion, auf dem Platz des Himmlischen Friedens, vor dem Brandenburger Tor und im Kreml aufzutreten. Unsere einzige bisherige Verpflichtung ist der anstehende Auftritt meines Assistenten Stanley beim Amateurabend im „Frosch“ – einer Gaststätte unweit unserer Baracke –, wo er auf Löffeln spielen wird. Wir erwarten ein wirkliches Wunder, da wir nur einen einzigen Löffel besitzen und Stanley es noch nie probiert hat.

Lieber Pater John.

wie gehts Dir und den andern Solo-
paterren? Wie gehts Bruder Wilf? Ich ha-
be ein Bild von ihm gehmalt was Ehr an
seine Zellentür hängen Kahn. Ich wette
Ehr würde der 1-ige in der Nönncherei
der einen Orgienaal Veal hat. Eines Tages in
der Zug-Kunft werden sies bei 1ner Aug-
zion bei Soßenbists in London für aber
Trilljohnen Pfund fersteigertn und Bruder
Wilfs Uhr-Großengel werden so reich sein
wie der tolle olle Cliff Richard. Ach so! Ich
hab fergessen das Nönnche keine Beebihs ha-
ben oder? Er kann eß ja auch der Nönnch-
erei hinderlassen damit sie auch in Zug-Kunf-
t neue Bruder Wilfs aufziehn können. Hoffe
mein Bild gefellt ihm. Ich habs für ihn
gemacht weil ehr deine Arbeit gemachd hat
alz du mit Gott über Blesshüner geredet ha-
ßt und so da unten am Plätschersee.

Höhere Mahl, Pater John! Ratte Mahl,
was wahr! Ich weis nich ob ich das schon
Mahl erwent habe, aber ich hab noch nie ne

Pupe gehabt ausser dem Plastikschowie. Und der wahr ein Opfer von fahmiljährer Ge-Wald. Gwenda sakt im Juh-Ätsch würden Fraun nicht Meer fon solchen Geräten ferführt werden. Sie sakt Fraun gehts blos so schlecht weil sie Spülbälle der Matscho-Fanta-Seen sint. Sie sakt sie Würde nie zulasen das sie nackt auf Seite 3 der Bulle-wart!-Blätter zu Seen ißt. Da hat Fater gesakt ehr möchte ihr im Namen aller Männer an allen Ohrten den aufrichtiksten Tank aussprechen – und dan wurde ales wieder ein Bißchen gewaldtätlich.

Jedenpfalz hat Muter gesakt ich kriege keine Pupe weil sie schlecht sind und ich habe gesakt ich will sohwiso keine wenn sie schlecht sind. Aber Pater John! Ich habe nicht die Warheit gesakt. Ich hätte soo gern 1ne Pupe gehabt! Jedenpfalz! In eim Brief an meinen Freund Gehralt (er will mir übrigenz mein Gans eigenes persöhnliches Problem ferschaffen!) habe ich angedeutet das ich nix dagen häte ne eigne Pupe zu haben opwol sie schlecht sind. Ratte Mahl! Er ha-

tz kapiert! Ich habe heute die gantze Besuchszeit durchgeschlaffen und als ich wach wurde – Ratte Mahl! Da lag nochn Kopf auf meinem Kissen dirrekt neben mir! Es wahr eine große Pupe! Eine Pupe Pater John! Sie ißt hüpsch uns Gans arg schön und hatte ein tolles Kleid an. Und an ihrem Kleid war ein Zettel ahngepint und Ratte Mahl waß drauf stand? Schüktelst du in der Nönncherei den Kopf und sabst: Nein ich weis nicht was drauf stand? Wust du das Pater John?
Ich werd dir sagen. Da stand drauf

ICH HEISSE LUCKY LUCY!

Und auf der andren Seite stand – "Wir haben sie Luckky Lucy genant weil wir denken, sie ißt sehr sehr glücklich, daß sie zu so einem netten kleinen Mädchen gehört. Von Anne, Gehralt und dem Faschisten."

Und Pater John ich kuschle jetzt die ganze Zeit mit meiner Lucky Lucy. Aber kanst du Gott sagen das daß mit Nichten heisst das Ehr jetzt abhaun kan zum Pletscherseh um ein Paar Bless-Hüner zu machen. Ich möchte meine Lucky Lucy bald Fater und Muhter zeigen!

Logische Bindungen für dich
und Bruder Wilf
Andromeda

P.S. Haßt du gewust das ich ein Nanakram fon LOVE AND A DREAM bin?
Gehralt haz gesackt. Gut was?

P.P.S. Kanst du mir auf nem Zettel kurz die 3-Einichkeit erklärn?

Liebe Ane, Gehralt und netter Farschißt!

Ich habe die Pupe gefunden die ihr geh-
bracht habt!

Ich mag ihren Nahmen.

Sie ißt toll.

Wie sakt Mann/Frau danke wen Frau/Mann
will das es grooß klingt?

Danke!

DANKE!

DANKE!

Lohgische Bindungen.

Ändi Pändi und Lucky Lucy

P.S. Wen ich wieder wärtekahl bin könten
ein Paar Küße in eure Richtung abgehn!

Hallo, Ändi Pändi!

Bin ich froh, daß Du Lucky Lucy gern hast! Sie ist eine tolle Puppe – wie Du! Ich habe bemerkt, daß bei Dir aus dem Faschisten ein *netter* Faschist geworden ist. Du hättest Papas Gesicht sehen sollen, als er das gelesen hat. Er ist eigentlich ein oller Softie. Wir sind alle zusammen losgezogen, um eine Puppe für Dich auszusuchen, und Du hättest Paps dabei erleben sollen! Rumgenörgel ist gar kein Ausdruck! Die Kleider hatten nicht die richtige Farbe, die Ohren hatten nicht die richtige Form, das Haar war zu lang, das Haar war zu kurz, nichts hat gestimmt. Schließlich ging er hinter dieser langen Theke zu Boden, um sich Puppen anzugucken, die in Kartons auf den unteren Regalbrettern standen. Kaum war er den Blicken entschwunden, kam die Geschäftsführerin des Ladens und fragte mich: „Kann ich Ihnen irgendwie behilflich sein, mein Herr?"

Bevor ich irgendwas sagen konnte, tönte es dumpf aus der Versenkung: „Nein, du bist nicht hübsch genug, und deine Unterhosen lösen sich gleich in sämtliche Fasern auf!"

Du weißt, daß mich so leicht nichts aus der Fassung bringt, Ändi Pändi. Aber ich merkte, wie ich rot wurde.

„Er meint nicht Sie", sagte ich. „Er meint ..."

„Und was deine Figur betrifft: Die kann man kaum menschlich nennen, geschweige denn weiblich. Zurück in die Kiste, du Luder!"

Ich erklärte ihr, daß Papa mit den Puppen unter der Theke redete, aber das machte sie eher nervös als ärgerlich. Papa war es höchstpeinlich, als er begriffen hatte, was passiert war. Wir fanden es angebracht, Hals über Kopf die Fliege zu machen, und fanden Lucky Lucy in einem anderen Laden. Deine Schwester Renate hat uns erlaubt, sie zu Dir ins Bett zu legen, als Du geschlafen hast.

Sei es, wie es sei! Gestern habe ich fast Pater John umgerannt, der unterwegs war, um bei irgendeiner Veranstaltung zu sprechen, und er hat mir erzählt, daß Du ihn gebeten hast, Dir „auf nem Zettel kurz die 3-Einichkeit zu erklärn". Das war ein guter Einfall, Ändi Pändi! Er wollte Dir gleich antworten, aber ich bat ihn, noch ein bißchen zu warten, weil wir letzten Sonntag in der Kirche einen Vortrag über die Bedeutung der Dreieinigkeit hatten. Und ich war ziemlich sicher, daß Papa das alles in seinem segensreichen Tagebuch niedergeschrieben hat, zumal sich herausstellte, daß der „Vortrag" – na ja, Du wirst selbst merken, was ich meine. Papa sagt, Du darfst diesen Abschnitt sehr gerne haben. Hoffe, er macht Dir Spaß. Ich finde ihn *wundervoll.*

Sonnabend

Leonard Thynn kam abends vorbei. Sagte, er hätte sich freiwillig gemeldet, um morgen im Gottesdienst die Dreieinigkeit zu erklären. Muß zugeben, daß ich ein bißchen überrascht war. Er findet kaum den Weg nach Hause. Wie soll er da das größte theologische Geheimnis lüften können? Gerald sagt, er freut sich schon drauf.

Sonntag

Kirche.

Thynn fing damit an, daß er einen entsetzlich verrosteten Heizofen nach vorne schleppte. Verkabelte ihn in einer Steckdose an der Seitenwand und sah dann die Gemeinde äußerst selbstzufrieden an.

Er sagte: „Also gut! Dreieinigkeit! Kinderleicht erklärt. Wenn ich gleich den Schalter auf AN stelle, will ich, daß ihr alle, vor allem die Kinder, ganz ganz genau hinguckt und mal seht, ob ihr merkt, was passiert. Fertig? Los geht's! Reißt die Augen ganz weit auf, sonst verpaßt ihr das wichtigste!"

War plötzlich heilfroh, daß ich so weit hinten saß. Als Thynn den Schalter rumdrehte, tat es einen dumpfen Schlag, und ein Funkenregen ergoß sich in den Altarraum. Leonard schrie auf und stolperte rückwärts in Doreen Cooks Schoß. Mehrere Kinder rissen die Hände nach oben und fuchtelten in der Luft herum.

Die kleine Dotty Rawlings rief: „Ich hab's gesehn, ich hab's gesehn! Es ist in die Luft gegangen und hat Ihnen Angst gemacht. Ist so die Dreieinigkeit?"

Leonard stand auf und sah uns wieder an. War kreidebleich und die Haare standen ihm zu Berge. Er sagte: „Tut mir leid, Leute! Eigentlich sollte das Ding langsam zu glühen beginnen, und ich wollte sagen, das ist wie bei Jesus, und dann wollte ich noch sagen, der elektrische Strom, das ist wie der Heilige Geist, und dann ... na ja, nichts für ungut. Wartet mal ...!"

Huschte zur Seite und kam gleich danach mit einem antiquierten Klopfsauger wieder. Drehte den Schalter des Heizkörpers auf AUS, entkabelte das Unglücksgerät und steckte die Staubsaugerleitung in die Steckdose. Dotty Rawlings beugte sich ganz aufgeregt nach vorn. Alle anderen gingen in Deckung.

Leonard sagte: „Also gut. Noch'n andrer Einfall von mir. Erklärt die Dreieinigkeit echt gut. Fertig, Kinder? Paßt auf, was passiert, wenn ich ihn anmache! Am besten, ihr haltet euch die Ohren zu. Macht ein bißchen Krach. Also los!"

Die gesamte Gemeinde zuckte zusammen, als Thynn auf den Knopf drückte. Absolut nichts geschah. Kinderhände flogen abermals hoch.

„Er funktioniert nicht!" quäkte Dotty Rawlings. „Die Dreieinigkeit funktioniert nicht, oder, Mr. Thynn?"

Leonard stellte das Gerät auf den Kopf und starrte es traurig an. Er sagte: „Na ja ..., eigentlich wollte ich sagen: Er reinigt, indem er klopft und schlägt, indem er den Dreck vernichtet – alles auf einmal. Und das ist ein bißchen so wie bei der guten alten Dreieinig ..."

Mrs. Flushpool schoß empor wie ein Eisberg, um ihn zu unterbrechen: „Das ist die mittelalterliche Ketzerei des Modalismus[1], Mr. Thynn!"

„Nein", sagte Thynn, indem er mit seinem Finger geistesabwesend auf der Maschine rumtrommelte. „Ich glaube, das ist bloß ein Geldstück, das sich im Dingsbums verkeilt hat."

Leonards Arsenal an Vorführgeräten war aufgebraucht, so daß wir zum gemeinsamen Singen übergingen.

Montag

Thynn am Spätnachmittag zum Kaffee da. Ebenso unser Nachbar Frank Braddock. Erzählte Frank von gestern und fragte ihn, wie er die Dreieinigkeit erklären würde.

Er zündete sich die Pfeife an und sagte: „Wißt ihr, es gibt vier Sachen, die mir an der Dreieinigkeit gefallen. Erstens finde ich es toll, daß ich in Gott einen Vater habe. Zweitens begeistert mich, daß ich in Jesus einen Freund und Bruder habe. Drittens bin ich froh, daß ich im Heiligen Geist einen Tröster und Wegweiser habe. Und viertens ..."

Anne und ich sagten: „Ja?"

„Viertens gefällt mir die Tatsache, daß es ein *Geheimnis* ist. Gott in drei Personen. Drei Personen – ein Gott. Es ist ein Geheimnis – und ich liebe dieses Geheimnis. Warum sollte ich alles verderben, indem ich versuche, es zu erklären?"

„Mmmmhhh ...“, murmelte Thynn, der nicht zugehört hatte. „Vielleicht, wenn ich einen elektrischen Toaster genommen hätte ...“

Spitze, was, Ändi Pändi? Ist Leonard nicht erste Sahne? Wir sehn uns bald – liebe Grüße auch an Lucky Lucy!

Gerald

[1] Modalismus – altkirchliche, der Lehre von der Dreieinigkeit widersprechende Anschauung, die Christus nur als Erscheinungsform Gottes sah.

Pappst Johanes Paul
Vati-Kahn
~~Rama~~ Roma
In-Italien

Lieber Pappst,

na gut, ich bin keine rühmliche Kot-
tlettin (r. k.) aber befor sie Los rennen
und woanders im Vati-Kahn eine Ordin-
anz geben bedenken sie biete das Volk-
ende: Ich habe nen Freund nahmens Pa-
ter John der genau so 1 großer Solopater-
rer ißt wie sie. Und ich wette der wird
wen er mit Gänsen und Bless-Hünern zu
Samen ißt genau so oft von Gott unter-
brochen wie sie (Mein Nahme ist übrigenz
Frau Andromeda Veal. Ich bin horrorzon-
tal bis sich der Senkel er hohlt hat).

Unsre Kirche ißt nicht Gans so wie
ihre, Pappst. Wir kriegen keine Tran-
Substanz-Rationen beim Abend Mal, son-
dern 'n Bißchen Weisbrot und Saft. Und
noch was ißt anders: Der Obermacker in

unsrer Kirsche fliegt nicht jedes Mahl aufn Boden wie Sie, wenn er ausm Fluch-Zeug steigt.

Können wir uns nich Aale verneinigen, Pappst? Wir könen ja unsre Difrequenzen ausbügeln. Sie Sagen zum Beilspiel: Beebies müßen ~~den~~ Limbo[1] machen um in den Himmel zu kommen. Ißt daß nicht ein Bischen ~~geheim~~ gemein, Pappst? Wahr Rum müssen die for der Himmels-Forte Limbo tanzen? Sie sind zu Klein ums zu lernen, glaub ich. Ich bin schon fast 8 und kanns nicht sehr gut! Lassen wir daß da weg, ookee, Pappst? Holen Sie alle ihre Cardigans zusammen und lasssen sie Sie einen Bullen darüber machen. Ich bin sicher das Alee anderen rühmlichen Kotletten mit Ihnen 1er Main Ung sein werden.

Da ist noch was, was du villeicht weist, Pappst! Ist da villeicht bei deinen Mondsinohres auch einer dabei der sich bei den Fee-Ministern fenwürglicht? Dann könnte es nähmlich sein das er meine Muter und Ihre Freundin Gwenda kennt. Ich jedenfalz habe meine Muter nicht geh Seen seit ich ne Ahatrackzion bin, aber Pater John hat 1 Wörtchen mit Gott geredet. Es ißt Aales in Bestien Händen. Er ißt nähmlich ein Nönnch, Wiesen sie Papst!?

Es Leber die 1-heit!

(Frau) Andromeda Veal

P.S. Mann/Frau sakt sie sind ein wenig dichter, Pappst. Welsch Zufall! Ich nehmlich auch! Ich hab ein spätzielles Gedicht für sie ge Macht.

Bin keine rühmliche Kotlettin
Und Beete Tag und Nacht,
das ich nicht fon den Cardigans
zur Päppstin werd gemachd.

Auch luttrisch bin ich leider nichd,
Pro-Thesen trag ich keine,
schon gar nicht 95 Stück.
Und Gipsbein reicht das Eine.

Ich weis, die Mettodisten tat
John Wesley einzt Mahls grinden.
Doch weil ich nicht laut schrein Kahn,
Kahn ich dort nichts verbünden.

Bappbistentum ißt nix führ mich.
Ich maag ja nich Mahl Regen!
Und wen ich in die Wanne Mus,
dann bin ich stehtz dagegen.

Zwahr zu den Scharismattickern
ziets mich ein Bischen hin.
Doch Schaf ichs nie zu lächeln,
wen ich tottraurich bin.

Wir grün den eine neue Kirche,
Pappst, daß ißt mein Ziel,
wo Aales echt und erlich ißt:
Die KIR$CHE J. P. VEAL.

[1] Anm. d. Übers.:
nach katholischer Auffassung der Aufenthaltsort für Kinder, die ungetauft sterben.

(J. = für meinen Freunt Pater John
P. = ißt für sie Pappst
VEAL = Ratten sie Mahl, Pappst.)

Liebe Andromeda,

ich heiße Frank Braddock und bin ein Nachbar von Adrian und Anne Plass, die, wie ich weiß, gute Freunde von Dir sind. Eine weitere Person, mit der wir beide befreundet sind, ist Pater John. Vor vielen, vielen Jahren sind wir zusammen zur Schule gegangen. Damals haben wir uns mit Spitznamen angeredet. Er hieß Stümpi und ich hieß Stinki! Du wirst nie erraten, warum ich Stinki hieß, und es ist sicher wie das Amen in der Kirche, daß ich's Dir nicht verraten werde. Jetzt ist das einzig Stinkige an mir (hoffe ich!) meine Pfeife. Ich habe einen Tabak gefunden, der mit Schwarzkirschgeschmack fermentiert ist, und ich gebe zu, das ist ein ziemlich starkes Kraut. Ich gehe davon aus, daß sie es nicht schätzen würden, wenn ich die Korridore dieses Krankenhauses einräuchern würde, in dem Du gelandet bist.

Ich schreibe eigentlich, um mich für einen Gefallen zu revanchieren, den Du mir erwiesen hast. Du bist Dir nicht mal klar darüber, daß Du mir einen Gefallen getan hast, oder? Das hast Du aber, und ich will Dir auch sagen, welchen. Als Du vor einigen Monaten bei den Plassens gewohnt hast, bist Du mit ihnen am Sonntag zur Kirche gegangen. Obwohl ich sonst woanders hingehe, war ich an besagtem Sonntag zufällig auch in diesem Gottesdienst. Ich glaube, Dein Onkel Edwin hatte mich eingeladen. Mitten im Gottesdienst bist Du – als der Organist gerade zum Spiel ansetzte – auf den Stuhl geklettert und hast aus Leibeskräften geschmettert: „SIE IST HERR . . .“ Dann geriet der Organist in Panik und modulierte zu „Heimat, deine Berge“ hinüber, und alles endete im Chaos. Also: Seitdem ist es so, daß ich jedesmal, wenn ich ein bißchen deprimiert bin, an diesen Tag denke, an das Gesicht des Organisten, an die Leute, die mit erhobenen Händen dastanden und stöhnten: „Wir wollen deine Gemsen sein, Herr!“ – und dann kann ich nicht verhindern, daß sich von irgendwo in meinem Inneren ein kleines Kichern nach oben kitzelt und sich in Gestalt eines Lächelns den Weg ins Freie bahnt. Ich danke Dir also, daß Du mir eine Möglichkeit geschenkt hast, mich aufzumuntern. Und dafür will ich mich revanchieren.

Gut! Was kann *ich* Dir also geben? Ich fürchte, nicht viel. Ich will Dir eine Geschichte erzählen. Das ist nämlich mein Beruf: Ich schreibe Geschichten, die andere Leute vielleicht gerne lesen. Ich habe Stümpi – ich meine Pater John – gefragt, ob er meint, daß das ein guter Einfall ist, und er sagte ja, er denke schon, daß Du gerne Geschichten liest. Der solopaterre Nönnch läßt Dir übrigens seine logischsten Bindungen ausrichten! Hier ist also die Geschichte. Hoffe, sie gefällt Dir.

Es war einmal in einer Welt, die fast so war wie unsre Welt, nur daß damals ein winziges Bißchen mehr seltsame und aufregende Dinge passieren konnten, da lebte ein kleines Mädchen namens Tanya in einem großen braunen Haus. Ich weiß natürlich, daß an der Farbe braun nichts auszusetzen ist: Schokoladeneis hat ein leckeres Dunkelbraun, Haare können in einem wunderschönen Braunton glänzen. Es gibt Leute, deren Haut hat eine ganz warme braune Farbe. Kastanien, Pferde, Vögel, neue Schuhe und die Augen kleiner Mädchen können braun sein und schön. Ich weiß das. Aber das Braun des Hauses, in dem Tanya wohnte, war von ganz anderer Art. Es war ein totes, hoffnungsloses, resigniertes Braun, ein verlegenes, trübes und schmuddeliges Braun – und es war überall. Wenn ich sage „überall“, dann denkst Du wahrscheinlich, ich meine das nicht buchstäblich, nicht wahr? Du denkst, da muß doch irgendwo ein bißchen Gelb gewesen sein, ein rotes Fleckchen hie und da, ein paar orange Gegenstände womöglich, Bilder an den Wänden, deren leuchtende Farben sich von dem langweiligen Braun wohltuend abhoben, und natürlich die riesigen Flächen des blauen Himmels und der grünen Wiese, die man durchs Fenster sehen konnte – und nicht zuletzt die Gesichter der Menschen, die in dem großen braunen Haus wohnten. Wenigstens ihre Gesichter konnten doch nicht diese häßliche braune Farbe haben, denkst du. Aber ich sage dir: es war *überall*!

Wände, Decken und Fußböden – braun. Bilder, Zierleisten, Möbel, Gardinen, Lampenschirme, Glühbirnen, Teppiche, Bücher, Tassen, Untertassen, Teller, Schüsseln, Messer, Gabeln – alles braun. Mag sein, daß der Himmel jenseits der Fensterscheibe zartblau schimmerte, daß das Gras der Wiese in sattem Grün glänzte – aber es war unmöglich, das zu sagen, denn jedes Fitzelchen Fensterglas war mit einer einzigen Farbe dick eingefärbt: braun! In einem braunen Käfig saß ein brauner Vogel. Ein Papagei. Er rannte die braune Leiter rauf und runter, betrachtete in seinem braungetönten Spiegel sein braunes Gefieder, pickte braune Körner vom braunen Sandpapier am Käfigboden auf und beherrschte nur eine Redewendung: „Braune Polly! Braune Polly! Braune Polly!" Selbst das Wasser, das aus den braunen Hähnen kam, war bräunlich. Man benutzte es, um braunen Brei und braunen Tee zu kochen und braunen Kaffee. Bitte glaube mir, wenn ich sage, daß *alles* braun war. Braun, braun, braun, braun, braun! Es war alles – braun.

Oh, Verzeihung: Mir fällt gerade ein, daß es doch einen Gegenstand gab, der nicht braun war. Ein Buch. Es war Tanyas geheimster und kostbarster Besitz, und Tanya hielt dieses Buch in dem braunen Zwischenraum unter dem braunen Kleiderschrank, in dem all ihre braunen Kleider hingen, ganz, ganz, ganz sorgfältig versteckt. Tanya hatte das Buch eines Tages hinter der Rückwand des großen Bücherbords im Wohnzimmer gefunden, und als sie das Buch geöffnet hatte, war es gewesen, als hätte jemand ein buchgroßes Loch in eine der braungetönten Fensterscheiben geschlagen. Es war, als ob die Farben aus den Seiten fliegen und vor Tanyas Gesicht herumtanzen würden wie Musik, die man sehen kann. Schon nach wenigen Sekunden fühlte sich Tanya ganz beschwingt und verwirrt. Sie mußte das Buch schnell wieder zumachen, weil sie Angst hatte, sie könnte vor lauter Begeisterung umfallen. Sie erzählte den Eltern nichts von dem Fund. Irgendwie vermutete sie, sie würden es ihr wegnehmen, wenn sie es wüßten. So trug Tanya das Buch rasch in ihr Zimmer und schob es unter den Wandschrank. Seither war sie Tag für Tag, sobald die Luft rein war, auf dem Teppich ihres Zimmers niedergekniet, hatte die Hand in das Geheimfach geschoben und mit einem kleinen aufgeregten Kitzeln in der Magengrube das Buch herausgeholt und den Blick in seine leuchtenden Seiten versenkt. Für lange Zeit war das genug. Allein das Wissen, daß braun nicht alles war, war ein erregendes Geheimnis, aber als die Wochen und Monate und Jahre vergingen und Tanya älter wurde, wurde ihr klar, daß sie eines Tages ihren Vater und ihre Mutter würde zur Rede stellen und sie auffordern müssen, ihre Vorliebe für die Farbe Braun zu erklären.

Der Tag kam herbei. Vater und Mutter saßen in ihren braunen Armstühlen im braunen Wohnzimmer und tranken aus braunen Gläsern braune Getränke. Vater hatte einen braunen Anzug an. Mutter trug einen vergammelten braunen Künstlerkittel über einem paar brauner Jeans. Tanya kam ins Zimmer und hielt etwas hinter dem Rücken versteckt.

„Mutter und Vater", sagte Tanya, „ich muß euch etwas fragen!"

Vater sah sie bräunlich an. Er trug einen dicken braunen Schnurrbart, lange braune Koteletten und schütteres braunes Haupthaar. Wenn er nicht ganz zufrieden war, pflegte er mit seinem Daumen einen seiner Nasenflügel zu massieren. Genau das tat er jetzt.

„Stell deine Frage, Tanya", sagte er. „Ich will versuchen, sie zu beantworten."

„Warum ist alles braun?" fragte Tanya ganz ruhig und ernst.

Vater lachte wie ein kaputter Wecker.

„Das ist keine echte Frage", sagte er. „Das ist, als ob jemand fragt, weshalb Menschen zwei Beine haben. Alles ist braun, weil alles braun ist. So ist es nun einmal – braun."

„Gibt es nur braun?" flüsterte Tanya.

„Ja", sagte Vater steif. Mutter blickte besorgt.

„Warum darf ich nicht durch die Tür gucken, wenn ihr sie

aufmacht? Warum öffnen wir nie die Fenster? Wann darf ich endlich raus aus dem Haus? Warum habt ihr mich angelogen? Seht hier!"

Tanya holte das geöffnete Buch mit Schwung hinter dem Rücken vor und streckte seine bunteste Seite Mutter und Vater entgegen. Mutter stieß einen Schreckensschrei aus und preßte die Hand auf den Mund. Vater schoß hoch, als sei unter seinem Sessel eine Bombe geplatzt.

„Woher hast du das?" schrie er das Mädchen an.

„Es gehört mir", sagte Mutter mit leiser und zitternder Stimme. „Ich besaß es, als ich selbst ein kleines Mädchen war."

„Ich habe es gefunden", sagte Tanya. „Es ist nicht braun. Warum habt ihr mir nicht die Wahrheit gesagt?"

„Wir hielten es für das beste", sagte Mutter unter Tränen. „Farben können gefährlich sein."

„Braun ist sicher", sagte Vater. „Es ist die Farbe, die zu uns paßt. Wir haben es deinetwegen getan. Weshalb solltest du verwirrt werden von roten und blauen und grünen und goldenen und gelben und violetten Tönen? Es gibt so viele Probleme – nur wegen der Farben. Wir wollen, daß du in deiner braunen Welt bleibst und dir keine Sorgen machst. Draußen ist ein Farbdschungel. Bleib drinnen und sag dir immer wieder vor, daß du nichts anderes brauchst als braun."

„Nein!" sagte Tanya. „Auch *ich* habe ein Recht auf Verwirrung! Ich *will* in den Dschungel gehen. Ich *hasse* braun. Öffnet das große Fenster da!"

Sie deutete auf die großen braungetönten französischen Fenster. Ihr Leben lang waren sie verschlossen gewesen. Draußen blühten braune Blumen traurig neben braunem Gras unter braunen Bäumen wie eh und je.

„Wenn ihr das Fenster nicht *auf der Stelle* öffnet", sagte Tanya entschlossen, „mache ich die Augen zu und werde sie nie wieder öffnen!"

Vater und Mutter sahen sich an.

Vater massierte einen seiner Nasenflügel sehr heftig.

„Soll ich?" fragte er.

„Ja", sagte Mutter.

Vater ging hinüber und klopfte die verrosteten alten Bolzen aus ihrer Fassung. Dann stieß er die Fenster weit auf. Augenblicklich wurde das Zimmer von Licht und Farben durchflutet. Als Vater ein paar Schritte zurück machte, rannte Tanya zu der freigewordenen Stelle und blickte staunend und mit hellen, begeisterten Augen in diese strahlende Welt, die sie nie vorher gesehen hatte. Als sie sich umdrehte, sah sie, wie Mutter und Vater nebeneinander dastanden und sich bei den Händen hielten. Sie sahen ein bißchen älter aus und ein bißchen kleiner, aber sie sahen auch – zu Tanyas Überraschung – viel weniger braun aus. Und zum ersten Mal seit langer, langer Zeit lächelten sie.

Gott sei bei Dir, Andromeda!
Alles Liebe, Frank Braddock

Lihber Cliff Richard,

schohn gut, schohn gut. Ich weis selber das ich erst 8 bin und nicht Tennis spühlen Kahn und das ich keinen 6-i Nahmen habe wie Nivea Looting John und das ich keine Schal-Platten geh Macht habe wie sie, das Mann/Frau Limonade trinken soll wen's heiß ißt ("Lets get fizzy cool") und das ich zurzeit nich fiel machen Kahn weil ich eine Ford wehrende Ahatrackzjohn im Krankenhaus bin Biß der Senkel wieder fit is Wien Turnschuh, und das Muter immer noch mit Gwenda Weg ißt – Aber wiso sollten wir beide deshalb nicht Hei-Ratten wen ich erwaxen bin? Aaler Dings müßtest du Sozi ballistischer werden mit deinem Gelt sonst läßt Gwenda Muter mir nie Mahls erlauben dass wir uns Ferloben. Hand aufs Pferd, Cliff! Du Biest fast 1 Trilljonärr, stimmts. Du Kanst so fiele persöhnliche Probleme haben wie du willst ohne mit dem Wimpel zu zocken. Main

Freund Gehrald (Erzel ihm blos nicht das ich dir geschrieben habe, ja Cliff? Ehr ißt 2. Wal und Kan fiel leicht ein Bischen stinkig sein, du ferstehst?) hat nur 1 1-2-iges persöhnliches Problem und daß hat Ehr mier geborgt, so lange ich horrorzontal bien. Ich wette du haßt Mank Harvin eins gegeben und auch den andern Schädoofs und haßt immer noch fiele übrig.

Höhere Mahl! Noch was spricht führ unsre Liliensäsong, Cliff. Wir sind alle Beide Gläubiger und du Kahnst deinen Freund Billie Graham fragen ob er uns beiden traut, weil der ein ohrdinärer Pappkistenpasta ißt wen Ehr nicht grade dabei ißt fiele Leute in 1nem Go Stardion gleich zeitig hoch und nach forn zu Kriegen.

Jedenpfalz! Schwester Reh-Natee komt gleich und puhdert mir das Hinderteil. Horrorzontal = wund, Cliff!

Logische Bindungen Andromeda Veal (Frau)

Liebe Andromeda,

ich hoffe, es macht Dir nichts aus, daß ich Dir ein kleines Briefchen schicke. Ich bin Lucky Wilf. Ich bin jetzt genauso glücklich wie die schöne Puppe, von der mir Pater John erzählt hat, weil jetzt ein wunderschönes Bild an meiner Zellenwand hängt. Ein Geschenk von einem kleinen Mädchen. Ich könnte mir nichts Kostbareres vorstellen. Ich verdiene es ja nicht, aber ich sage Dir ein ganz dickes Dankeschön, daß Du es extra für mich gemalt hast. Ich bin sehr alt und nicht besonders gut, aber ich weiß, daß der liebe Gott ab und an beschließt, daß der alte Wilf eine kleine Streicheleinheit braucht. Diesmal hast *Du* ihm dabei geholfen. Vielen, vielen Dank, Andromeda.

Alles Liebe, auch im Namen meines höchsten Vorgesetzten,
Bruder Wilf

Lieber Bruder Wilf,

ich bin zu Frieden das du denkst Main Bild ißt superdupergeil. Höere M-ahl! Ich habe letzt hin 1 geh-dicht vür den Pappst geh-schriben. Aber jezt will ich 1s über Beebieh George schreiben vür Pater John der sein Onkel ißt, wie du B stimmt weist. Ich hofe du haßt nichts dagegen das ichs 1. zu dir sch-icke um zu Seen ops gut genug ißt. Und wens Sau mäßig kuhl ißt Kahn-st du mirs sagen. Aber wen du dengst es ist das lezte Gelabere Kahnst du so tun als ops nicht Gans mieß ißt aber nicht gut genug. Klar?

Danke Bruder Wilf

Daß geht dicht:

GOTT SCHUHF GEORGE

fon Andromeda Veal (Frau)

8 Jahre (fast)

Gott Schuhf George
1 windzig dickes Packet Fuß am Ende von jehdem Beinchen.
Gott Schuhf George
1 feines Rheines Lächeln von 1em Ohr zum Andern.
Gott Schuhf George
1 Büschel Mohikahner-Haare. 1 kleiner Wilder Mann!
Gott Schuhf George
Die kleinen Fäußtchen: Ich Bien! sagt eß. Ich lebe, ja ich Bien!
Gott Schuhf George
Und bat ihn gleich mich ahnzulecheln – ich hätte Faßt geflennt.
Gott Schuhf George
Eß giebt auch manch Mahl Georges, die hat Gott falsch geh Schafft. Ihr Kopf und auch ihr Laib sind krum und schief.
Gott hat auch sie geh Schafft!
Und Gott liebt Aale Georges!

Macht Ehr daß würglich Bruder Wilf?
Maag er nicht nur die riechtigen?

Lohgische Bindungen
Andromeda (Bussibussi)

P.S. Wie Alt Biest du um Himmels Villen.

P.P.S. Ich hofe die Küsse sind in Ordnung für 1en Solopaterren!

Meine liebe Andromeda,

Du beschämst mich! Allein die Idee, *mich* zu fragen, ob das Gedicht gut genug ist, um es Pater John zu schenken! Ich hatte zwar bisher weder das Vergnügen noch das Vorrecht, den kleinen George kennenzulernen, aber nachdem ich Dein Gedicht gelesen habe, konnte ich ihn geradezu vor mir sitzen sehen, wie er lächelt und seine kleinen Fäuste schüttelt, um mir zu beweisen: „Ich bin! Ich lebe! Ich bin!" Und was das „winzige dicke Paket Fuß am Ende von jedem Beinchen" betrifft: Oh, Andromeda, das finde ich eine wundervolle Beschreibung. Natürlich mußt Du das Gedicht Pater John schenken. Seine Augen werden strahlen. Sie tun das nämlich immer, wenn was Besonderes passiert. Ich weiß das – ich habe es schon oft gesehen.

Darf ich Dich um einen großen Gefallen bitten, Andromeda? Wie Du merkst, habe ich den Zettel, auf dem Dein Gedicht steht, diesem Brief wieder beigelegt. Würdest Du mir erlauben, es abzuschreiben, sobald es bei Pater John eingetroffen ist? Ich würde es gerne neben mein Bild an die Zellenwand hängen. Das würde mir ganz viel Freude machen. Bitte sag ja!

Du hast natürlich ganz recht, wenn Du sagst, daß einige Georges „falsch geschafft" sind, und Du fragst mich, ob Gott sie genauso liebhat. Sicherlich tut er das, Andromeda. Aber ich will ganz ehrlich zu Dir sein. Als ich ein junger Mönch war, pflegte ich richtig wütend zu werden auf Gott. „Weshalb", fragte ich ihn immer wieder, „läßt du es zu, daß kleine Babys geboren werden, bei denen nicht alles stimmt, wenn du doch angeblich alles tun kannst und wenn du doch angeblich alle liebst? Weshalb, Gott? Sag's mir!" Mensch, ich war seinerzeit manchmal *stinksauer* auf Gott, und ich schien überhaupt keine Antworten zu kriegen. Schließlich bin ich zu einem gewissen Bruder Arnold gegangen (er war damals ungefähr so alt wie ich jetzt, bloß viel, viel weiser) und habe ihm alles erzählt. Er hat zugehört und gelächelt und eine ganze Zeit lang geschwiegen. Dann hat er gesagt: „Wilf, ich bitte dich einfach, in die kleine Kapelle zu gehen und niederzuknien und das Kreuz auf dem Altar anzusehen. Und während du da kniest, bitte ich dich, dir immer wieder das eine vorzusagen: ‚Er ist mit uns mitten drin. Er ist mit uns mitten drin ...' Und dann komm wieder und erzähl mir, was du meinst. Ich warte hier."

Wir hatten damals in diesem Kloster eine wunderschöne Privatkapelle, Andromeda. Sie war sehr klein, nicht größer als eine geräumige Speisekammer, und sie war gerade groß genug, daß einer allein auf einem Betpult vor dem Altar niederknien konnte. Auf dem Altar befand sich bloß eine weiße Leinendecke und ein silbernes Kruzifix, und man mußte sich aus einem seitlichen Regal eine Kerze in einem Metallständer holen, sie mit einem Streichholz aus der Schachtel, die dort auch immer lag, anzünden und sie ein bißchen seitlich vor das Kruzifix stellen, so daß das Kreuz von einem warmen gelben Lichtschein beschienen wurde.

Das habe ich an jenem Tag gemacht. Dann habe ich mich auf das Betpult gekniet und habe das Kruzifix angeschaut, das vor mir stand.

Du weißt doch, was ein Kruzifix ist, nicht wahr, Andromeda? Ein Kreuz, an dem eine Figur von Jesus hängt. Es gibt Leute, die können das nicht leiden. Sie sagen, daß Jesus vom Tod auferstanden ist und daß er lebt und daß deshalb das Kreuz leer sein sollte. Ich verstehe, was sie meinen. Und die großen Kreuze in den beiden Hauptkapellen der Klöster, in denen ich bisher gelebt habe, sind tatsächlich leer. Aber ich habe trotzdem immer gedacht, daß es richtig ist, daß Jesus in dieser winzigen Privatkapelle am Kreuz hängt. Ich will Dir auch sagen, warum. Sieh mal: Jeden Tag – so sehr ich mich auch anstrenge – mache ich doch immer wieder solche Sachen, für die Jesus am Kreuz Schimpf und Schande auf sich genommen hat. Wir alle machen das. Deswegen hat er das gemacht. Er wußte, wir würden es alleine ohnehin niemals schaffen. Und jeden Tag vergibt mir Gott erneut und voller Begeisterung. Er sagt: „Laß dich nicht runterziehen, Wilf! Fang von vorn an, altes Haus!" Und das tue ich. Du siehst also, wie ich Jesus gewissermaßen Tag für Tag wieder an dieses ekelhafte Kreuz nagle, und jeden Tag stirbt er, wird er begraben und steht er wieder auf – wenn mir vergeben ist. Deswegen ist es gut, wenn ich an das erinnert werde, was er getan hat, wenn ich allein bin in der kleinen Kapelle. Das Kruzifix erinnert mich.

Ich kniete also eine Weile da, wie es mir Bruder Arnold empfohlen hatte, und wiederholte ganz sachte und leise immer dieselben Worte, wieder und wieder.

„Er ist mit uns mitten drin. Er ist mit uns mitten drin. Er ist mit uns mitten drin ..."

Das Gesicht von Jesus war der Person, die das Kruzifix gemacht hatte, sehr gut gelungen. In seinen Augen war so viel Schmerz und gleichzeitig so viel Liebe, und er schien mich direkt anzusehen – wie auf diesen Photos, wo einen die Augen ständig verfolgen, wohin auch immer man geht. Und als ich aufhörte, die Worte zu sagen, war mir, als ob er anfing zu reden.

„Ich bin mit euch mitten drin. Ich bin mit euch mitten drin. Ich bin mit euch mitten drin ..."

Und da, Andromeda, fing ich einfach an zu weinen. Es klingt ziemlich blöd, nicht wahr, aber ich konnte es nicht verhindern. Das komische dabei war: Es waren eigentlich gar nicht *meine* Tränen – es waren *seine*! Er zeigte mir, was *er* fühlte!

Kurz danach kehrte ich zu Bruder Arnold zurück. Er sagte: „Na?"

Ich nickte bloß. Mir fiel nichts ein, was ich hätte sagen können, und ich hatte keine neuen Antworten, die ich vorher nicht gehabt hätte, aber ich hatte verstanden, daß Gott über die „Georges, die falsch rauskommen" sich viel, viel, *viel* mehr sorgt und trauert, als ich es jemals könnte. Darüber hinaus bleibt alles ein Geheimnis, Andromeda.

Versuche, ihm zu vertrauen. Er ist heiß und innig in Dich verknallt!

Alles Liebe und danke,
Bruder Wilf

Liebe Andromeda,

Thynn mal wieder – Leonard Thynn. Freund der Plassens, Du erinnerst Dich? Habe Dir kürzlich diesen köstlichen – na ja, einigermaßen köstlichen – Witz über den kleinen Müller hinter dem Dings – dem Baum – geschickt. Gut. Na ja, dachte, ich schreib wieder mal und schick Dir noch einen Witz – na ja, eher eine Anekdote als einen Witz, obwohl das Ganze witzig *gemeint* ist – also so eine Art Geschichte mit was Lustigem am Ende, falls Du weißt, was ich meine.

Jedenfalls – der Witz, die Anekdote, beziehungsweise die Geschichte mit was Lustigem am Ende – ich mach einen Vorschlag – wir nennen das Ganze ab sofort eine anekdotische Geschichte mit was Lustigem am Ende, um die Sache zu vereinfachen. In Ordnung? Schön. Wo war ich stehengeblieben? Ach ja ... diese anekdotische Geschichte mit was Lustigem am Ende beginnt – na ja, ist ja ganz offensichtlich, daß sie beginnt, nicht wahr? Ich meine, gewissermaßen, sobald man sagt, man will was erzählen, hat man eigentlich schon angefangen, obwohl man natürlich theoretisch auch sagen könnte, daß man erst – tut mir leid, schweife schon wieder ab. Blöde Angewohnheit. Kein Problem nach ein paar Gläsern – nicht, daß das ein guter Grund wäre, um zu trinken, kleine Veal! Um Himmels willen, nein! Aber zufällig ist es Tatsache, daß – was wollte ich sagen? Ach ja, natürlich! Diese anekdotische Geschichte mit was Lustigem am Ende beginnt im Gefängnis. Also, ich sage einfach mal Gefängnis. Es könnte ebenso eine Jugendstrafanstalt oder ein geschlossenes Erziehungsheim oder – das hängt ganz von den historischen Umständen ab – ein Kriegsgefangenenlager sein oder auch bloß so eine gute alte Zelle auf der Polizeiwache – damit will ich nicht sagen, daß Zellen auf Polizeiwachen besonders schön sind, na ja. Bin schon ein paar Mal dringewesen, nachdem ich ääh ... nachdem ich ääh ... nachdem ich sozusagen verhaftet wurde. Nein, ganz und gar nicht komisch, aber ääh ... der Typ in dieser anekdotischen Geschichte mit was Lustigem am Ende ist nun mal zufällig eingesperrt in einem Gefängnis, einer Jugendstrafanstalt, einem geschlossenen Erziehungsheim, einem Kriegsgefangenenlager oder einer Zelle auf der Polizeiwache, und eines Tages sagt er zu sich selbst – wahrscheinlich nicht so laut, daß ein anderer es hören kann – er sagt: „Ich will hier raus." Klingt, als ob er Engländer ist. Könnte aber ebenso gut auch Deutscher oder Chinese oder Ukrainer oder Slawe oder Patagonier oder Schotte sein – beachte aber bitte, daß er natürlich auch als Schotte englisch geredet hätte, es sei denn, er gehörte zu denen, die fanatisch für die Wiedereinführung des Gälischen kämpfen. In diesem Falle würde er wohl ... – und beachte ferner, daß er auch, wenn er Chinese gewesen wäre, womöglich in London hätte aufgewachsen sein können, dann würde er wahrscheinlich Londoner Englisch mit chinesischem Akzent sprechen, möchte man meinen.

Jedenfalls sagt dieser Typ in dem Gefängnis, der Jugendstrafanstalt, dem geschlossenen Erziehungsheim, dem Kriegsgefangenenlager oder der Polizeizelle in seiner jeweiligen Sprache, mit seinem jeweiligen Akzent, in seinem jeweiligen Dialekt oder in seiner jeweiligen Ausdrucksweise: „Ich will hier raus!" Und dann – um eine lange Geschichte kurz zu machen – na ja, jedenfalls bedeutend kürzer – sagt er es noch einmal, und diesmal meint er es auch. Nicht, daß er es beim ersten Mal nicht gemeint hätte. Es ist nur so, daß er es beim zweiten Mal ääh ... mehr gemeint hat. Also mehr als beim ersten Mal, will ich sagen.

So gräbt also der Typ (von unbekannter Nationalität) ein Loch in den Boden seiner Zelle – wenn es das ist, worin er sich befindet. Schließlich muß er ja in irgendwas wie einer Zelle gewesen sein, es sei denn, er hätte zum Personal gehört. Dann hätte er aber ohnehin kein Loch graben müssen ... Wo war ich stehengeblieben? Ach so, richtig. Er gräbt also ein Loch. Weiß nicht, wie er das angestellt hat. Bin selbst nicht besonders praktisch veranlagt. Als ich neulich das Bügeleisen reparieren wollte, konnte ich plötzlich auf dem Staubsauger BBC 4 empfangen. Wirklich ziemlich überraschend. War aber eine gute Sendung. Es ging um den Watusi-Stamm in Zentral-Afrika. Ein erstaunliches Volk! Offensichtlich ist es bei denen so, daß sie niemals – ach so, ich soll ja nicht abschweifen, das versaut die ääh ... anekdotische Geschichte mit was Lustigem am Ende. Er gräbt also ein Loch, um sich durchzubuddeln – oder vielleicht ist „durchstoßen“ besser. „Durchbuddeln“ klingt zu sehr nach Kaninchen, findest Du nicht auch? Er stößt also durch den Boden durch und kommt draußen auf der Straße wieder raus. Mehr Glück als Verstand, möchte ich sagen, es sei denn, er kannte das Gefängnis wirklich gut – was natürlich möglich ist. Wollen wir gerecht sein! Man erfährt das einfach nicht, wenn man den Witz hört – nicht daß es wichtig wäre – besonders ...

Na ja, jedenfalls – er klettert also aus dem Dings – dem Loch und ruft (auf Englisch oder Deutsch oder Chinesisch oder Ukrainisch oder Slawisch oder Englisch mit schottischem Akzent oder Gälisch oder Englisch mit einem chinesisch-Londoner Akzent): „Ich bin frei! Ich bin frei!“

Da (das Lustige am Ende der anekdotischen Geschichte steht jetzt unmittelbar vor der Tür, Andromeda) sagt ein kleiner Junge, der zufällig vorbeikommt und der – es sei denn der grabende (besser: gegraben habende) Typ hat es geschafft, sich bis zu einem anderen Kontinent durchzubuddeln (oder besser: durchzustoßen) – vermutlich der gleichen Nationalität angehört wie der grabende (besser: gegraben habende) Typ (und das ist jetzt das Lustige am Ende der anekdotischen Geschichte): „Na und? Ich bin vier!“

Verstehst Du? „Ich bin frei! Ich bin frei!“ – „Na und? Ich bin vier!“ Zum Brüllen, oder? Na ja, jedenfalls ...

Alles Gute, junge Veal. Zerbrich Dir nicht den Kopf! Krieg den Chef auf Deine Seite! Verstehst Du, was ich meine? Mutter schickt übrigens auch liebe Grüße und gute Besserung mit! Sie sagt, wenn sie's mit mir dreißig und soundsoviele Jahre ausgehalten hat, wirst Du das bißchen Krankenhaus auch überleben.

Grüße
Leonard (Thynn)

P.S. Sobald Du wieder auf den Beinen bist, mußt Du (also natürlich nur, wenn Du willst, da ist kein „Muß" dabei) vorbeikommen und sehen, was ich der Katze von den Plassens beigebracht habe. Du wirst staunen – na ja, zumindest sehr überrascht sein …

Bibelschule Tiefe Freude
Schmaler Pfad
Dumpfton
Nosex

Liebe Andromeda,

mit überschwenglicher Freude habe ich die wundervolle Nachricht von Deiner Hospitalisation empfangen. Wie herrlich ist es doch, so leiden zu dürfen, wie Du es tust! Welch tiefe Dankbarkeit muß Dich erfüllen, die Du das Vorrecht hast, Dich in der Lage eines Menschen zu befinden, der Stunde für Stunde und Tag für Tag Schmerz und Unbill ertragen darf.

Halleluja!

Wie erfreut und voller innerem Lachen mußt Du sein, wenn Du jene Verse der Schrift liesest, die von den unschätzbaren Vorzügen eines regelmäßigen Eingetauchtwerdens in die überaus herrliche Taufe physischer Leiden handeln. Wie beneide ich Dich um diese wundervolle Gelegenheit, an der Ekstase entsetzlichster Agonie teilhaben zu dürfen. Oh, sich den Schenkel zu brechen! Welches Glück! Auszugleiten und dergestalt den Boden zu berühren, daß die Folge eine ernsthafte Verletzung ist, die nach einer langen Periode intensiver professioneller Pflege verlangt! Was könnte willkommener sein? Wie muß Dein Glaube blühen in der stärkenden Atmosphäre profunder Behinderung, die Dich nunmehr umgibt! Mit welch tiefem Glücksgefühl mußt Du – des bin ich gewiß – jene schweren Gewichte betrachten, die von Deinen hilflosen Gliedern herabhängen. Und welche Freudensprünge muß Dein Geist machen im Blick auf die Möglichkeit, daß sich die Erfahrung erzwungener Horizontalität ein weiteres Mal verlängern könnte! Am Sonnabend, wenn ich vom Kolleg zu Hause bin, werde ich Gelegenheit haben, persönlich Zeuge Deiner Glückssträhne zu sein. Ich werde Deine Station mit einem erhebenden Tanz betreten und Dich mit einem freudigen Wort grüßen.

In fröhlicher Erwartung
Dein Charles Cook

Liebe Andromeda,

neulich Abend habe ich in der Kneipe Pater John getroffen, und wir haben über Dich geplaudert. Er hat erzählt, wie sehr er sich freut, daß er Dich kennengelernt hat und wie tapfer Du seiner Meinung nach damit umgehst, daß Du an dieses Klinikbett genagelt bist und weder Mama noch Papa da sind. Ein paar Bemerkungen, die er über Dich gemacht hat, lösten bei mir den Gedanken aus, daß Du Dir vielleicht ein bißchen unnütz vorkommst und daß Du vielleicht sogar Angst hast, Du könntest für Gott nicht gut genug sein. Als ich später mit Anne darüber geredet habe, meinte sie, ich sollte Dir den Abschnitt aus meinem Tagebuch schicken, wie ich einen Vortrag über „geistlichen Hochmut" halten sollte. Sie sagte: „Wenn Gott trotz solcher Sachen immer noch ganz verrückt nach Dir ist, dann gibt es Hoffnung für alle." Etwas übertrieben, wenn Du mich fragst, aber es stimmt, daß ich ziemlich gedankenlos gewesen bin. Ich bin sicher, Du würdest nicht dieselben Fehler machen. Pater John sagt, wir alle sind eingetragene Mitglieder des Gauner- und Schlawinervereins und sollten deshalb am besten zusammenhalten, so gut es geht, nicht wahr?

Jedenfalls: Hier ist mein Tagebuch. Du wirst merken, daß Leonard Thynn wieder eine Hauptrolle spielt.

Mittwoch

Sehr geschmeichelt, daß Edwin mich gebeten hat, im nächsten Sonntagsgottesdienst über geistlichen Hochmut zu reden. Weiß auch nicht warum, aber jedesmal, wenn man mich bittet, sowas zu machen, scheint sich meine geistliche Vollmacht auf der Stelle zu vervielfachen. Kam vom Telefon zurück und wollte jemandem (auf demütige Weise) von Edwins Einladung erzählen. Leider war bloß Thynn da. Er war *wieder* mal zum Essen vorbeigekommen, ohne eingeladen zu sein. Ich sagte: „Edwin will, daß ich nächsten Sonntag über geistlichen Hochmut predige. Weiß auch nicht warum."

„Nehme an, weil du der Experte bist", sagte Thynn, lehnte sich zurück und nahm sich die letzte Birne aus der Obstschale.

Machte mir nicht die Mühe, ihn zu fragen, wie er das meint. Warum hat Gott Dinge wie Heuschrecken, Erdbeben und Thynn erschaffen?

Ich bin entschlossen, diese Predigt wirklich gutzumachen. Muß mir drei Unterüberschriften ausdenken, die alle mit demselben Buchstaben anfangen ...

Donnerstag

Thynn am Abend schon wieder da. Warum zieht er nicht einfach ganz bei uns ein, damit die liebe Seele Ruh' hat? Lud sich selbst ein, mit Gerald zu irgendeiner Veranstaltung in einer neuen Kirche in unserer Gegend zu gehen. Fragte, wie die Kirche heißt. Gerald sagte, es handle sich um die „Heilige und Wahre Apostolische Kirche der Überreichen Offenbarung der Lebenden Steine". Das ist offensichtlich eine Splittergruppe einer Abspaltung, die den Rest des unzufriedenen Teils einer opponierenden Fraktion einer Gemeinschaft verlassen hatte, die sich ihrerseits von der ursprünglichen „Heiligen und Apostolischen Wahren Kirche der Überreichen Offenbarung der Lebenden Steine" separiert hatte. Laut Gerald hat bisher keiner der gegenwärtigen Mitglieder „gecheckt", daß sie sich an genau die Stelle zurückgespalten haben, wo sie einst angefangen haben. Manchmal frage ich mich, ob Gerald diese Sachen erfindet ...

Setzte mich hin, nachdem die beiden weg waren, um meine Rede zu planen. Benutzte eine neue Konkordanz, so daß ich von Schriftbeweis zu Schriftbeweis flitzen kann wie ein echter Redner. Brachte es fertig, zwei meiner Überschriften zu formulieren, nämlich „Demut" und „Dünkel". Kleine Blockade im Blick auf die dritte, aber die wird auch noch kommen!

Freitag

Große Schwierigkeiten, heute abend an meinem Vortrag zu arbeiten. Thynn kam zur Teezeit und blieb bis spät abends. Er und Gerald können manchmal sehr viel Unsinn machen. Diesmal spielten sie *Cluedo*, indem sie die offiziellen Namen durch die von Gemeindegliedern ersetzten. Das erste Spiel endete damit, daß es Mrs. Flushpool in der Bibliothek mit dem Kerzenhalter gemacht hat; im zweiten Durchgang war es Richard Cook mit einem Seil in der Küche. Fand all das Gegacker sehr demotivierend. Schließlich bemerkten sie mein Grummeln und fragten, was ich mache. Beging den Fehler und erzählte ihnen, daß ich eine dritte Überschrift suche, die mit einen „D" beginnt. Ich muß völlig von der Rolle sein. Sie schlugen Dachschaden, Dalli dalli, Damenwäsche, Darmträgheit, Dauerlutscher, Defloration, Dekadenz, Dekolleté, Diwan, Dolchstoßlegende, Dompfaff, Doppelbett, Drakula, Drudenfuß, Dünnbrettbohrer, Duschkabine und Düsentrieb vor – um hier nur die harmlosesten Vokabeln zu verewigen. Gerald scheint mir zu neiden, daß die Rede über geistlichen Hochmut mein Sprungbrett in die höheren Leitungskader der Gemeinde sein könnte. Nur um den Fluß ihrer „Ds" zu stoppen, fragte ich sie, wie die gestrige Veranstaltung war.

Gerald sagte: „Du hättest dabei sein müssen, Papa. Es war gut. In erster Linie allerdings für Eheleute."

Dachte einen Augenblick lang, wie schön es doch ist, wenn auch Gerald einmal ernst ist. Ich fragte weiter: „Was war denn?"

Gerald sagte: „Sieben Ehepaare baten James Dobson, in ihr Leben zu kommen."

Mein Sohn wird eines Tages vom Blitz erschlagen werden, ich gehe jede Wette ein ...

Sonnabend

Immer noch fehlt mir ein verdammtes D! Unglaublich! Thynn war *schon wieder* da! Ignorierte alle Winke mit dem Zaunpfahl. Er saß auf dem Fußboden, starrte unseren Goldfisch an und sang immer wieder und wieder *The Green Green Grass of*

Home. Anne meinte, er hat sicher irgendwas auf dem Herzen, was wir nicht wissen, aber welch eine Zumutung für mich! Wie kann ich dieses Ding bis morgen fertigkriegen, wenn Thynn das ganze Haus mit seinen Tom-Jones-Imitationen erfüllt?

1 Uhr nachts. Habe noch immer erst zwei Überschriften, die mit „D" anfangen. Bin jetzt zu müde. Werde ganz früh aufstehen und weitermachen.

Sonntag

Kirche.

Nahm Krügers Konkordanz mit zur Versammlung. Ging während der Gebetszeit heimlich durch den Buchstaben D und suchte nach der dritten Überschrift. Übersah fast, daß Leonard nach vorn gegangen war, um ein Zeugnis zu geben. Setzte mich aufrecht und wurde unruhig, als ich auf die Uhr sah und merkte, daß er überzog und ich eigentlich schon längst dranwar. Starrte ihn wütend an, bis ich registrierte, daß ich plötzlich zuhörte, was er sagt:

„. . . und in der letzten Woche – na ja, nicht genau eine Woche, eher acht Tage – war's für mich sehr, sehr Dingsbums. Schwierig, meine ich, sehr, sehr schwierig, nicht zu ääh . . . nicht zu ääh . . . es nicht zu machen – trinken, meine ich. Nicht, daß es für andere Leute verkehrt ist, mal ein Glas zu trinken – na ja, möglicherweise doch, wenn sie das selbe Problem haben wie ich – aber nicht ääh . . . normalerweise. Wo war ich? Ach ja, sehr schwierig während ungefähr der letzten ääh . . . Woche. Und jedesmal – also fast jedesmal, wenn mir danach war, auszugehen und ääh . . . meinen – mir fällt kein besseres Wort ein – Körper zu mißbrauchen, bin ich zu den Plassens gegangen. Nicht, um meinen Körper zu mißbrauchen. Das meine ich nicht. Um Himmels willen, nein! Nein, ich weiß bloß, daß sie mich niemals ääh . . . rausschmeißen würden sozusagen, und ich konnte einfach dableiben, bis die alte Dideldum – die alte Na-wieheißt-sie-doch-gleich-wieder – die alte Versuchung ääh . . . weg war. Gibt doch nichts Besseres als Leute, die dich behandeln, als bist du einer von der ollen Dingsbums – Familie –

versteht ihr, was ich meine? Möchte bloß sagen, wie – also – wie ... wie sehr ich euch – ihr wißt schon ..."

Wußte in diesem Augenblick, daß meine dritte Überschrift „Dämlich" hieß – ich nämlich! Erzählte das allen, als ich aufstand und meine (kurze) Rede hielt. Lud Thynn hinterher zum Mittagessen ein und dankte ihm heimlich in der Küche dafür, daß er uns vertraut. Er wurde rot und stieß eine volle Milchflasche auf den Fußboden.

Ich glaube, Du mußt Dir wirklich keine großen Sorgen machen, Andromeda, versprochen?

Alles Liebe an Dich und Lucky Lucy
von Onkel Adrian

Lieber Gehralt,

Weist du das mir dein Freunt Char-
les fon der Biebelschle Tiefe Freunde ko-
hmische Brife schreibt? Der lezte hand-
elte davon das eß ein Fach irre ißt, wen
Mann/Frau seinen/irren Lenkel bricht
und eine Ahatracktzion ißt. Bekloppt,
was?

Jeden Pfalz ißt er am Samstag geh-
kommen und Tanztee in die Stadt-Zion
und hat nich gekukt wo Ehr hintritt.
Und da hat Ehr seine Große Ç an einem
großen Met-All angestossen und ißt plötz-
lich Ruhm gehoppelt und xx hat durch sei-
ne Zeenee unanständige Wörter gezischt.
Eß wahr Spize! Ich be Schloß ihn aufzu-
Haitern, Geralt. Deßhalb sakte ich: Oh! Eine
Ç ahnzustoßen! Welches Glück! Welch üb-
berflüssige Freude, einen affengailen Schme-
rz im Fuß zu haben! Ich wünschte ich
stekte in deiner glücklichen Haut, Charles,
alter Knappe! Hofen wir nur, die hübsche
Ahagonie dauert schön lang, oder? Halle-

Lullija!

1e kleine Zeit lang wahr er Gans bitterböhse, Gehralt. Aber dan hat er plötzlich gehlacht, und er wahr nett wie früher nicht wie ein Roh-Boter! In seiner Schule Mus Mann/Frau spezielle Roh-Boten Kurse haben, oder? Mus Mann/Frau 1e Sondergehnemigung haben um Normaal zu sein wen Frau/Mann ChristIn ißt? Wen nicht, sollte daß Mahl eineR allen Ahnderen erzählen! Denke ich.

Aale meine lohgischen Bindungen
Andromeda

Meine Verehrteste,

ein weiteres Mal wende ich mich an Sie betreffs von Toastern im allgemeinen und *eines* Toasters im besonderen: nämlich jenes elektrischen Röstgerätes, das ich vor einigen zwei oder drei Wochen in Ihrem Etablissement erstanden habe. Nun handelt es sich bei mir durchaus um einen weltmännischen und aufgeschlossenen Menschen; dennoch habe ich gewisse hartnäckige und möglicherweise sogar von Vorurteilen geleitete Vorstellungen im Blick auf die ideale Funktionsweise solcher Apparate. Meine fixe Idee, die Sie womöglich vorschnell als bizarr und schrullig abtun werden, besteht darin, daß man in der Lage sein sollte, Brotscheiben in die besagte Anlage einzugeben, um dieselben ein oder zwei Minuten später in geröstetem Zustand zurückzuerhalten. Eine exzentrische Marotte von mir, mag sein; aber diese Meinung erfreut sich meinen Recherchen zufolge überraschend weiter Verbreitung, und ich neige zu der Ansicht, es könnte für Sie von Vorteil sein, diese neue, revolutionäre Bewegung zur Kenntnis zu nehmen – schon für den Fall, daß auch andere Kundinnen und Kunden Ihres Handelshauses baugleiche Ausstattungsstücke käuflich erwerben und sie mit einem ähnlich eingeengten Erwartungshorizont ins eigene Heim transferieren könnten. Lassen Sie mich daher ein oder zwei minimale Verbesserungen vorschlagen, die an jenem spezifischen Modell, mit dem Sie mich beliefert haben, vorzunehmen sich als nützlich erweisen dürfte.

Auf einer Seite der Maschine befindet sich ein Rädchen, das sich von einem Punkt, der mit der Aufschrift „HELL“ versehen ist, zu einem anderen Punkt, der mit der Aufschrift „DUNKEL“ versehen ist, drehen läßt. Beim Einsatz dieses Rädchens widerfuhr es mir, daß ich meinen ersten Irrtum beging. Am ersten Morgen nach dem Kauf war ich gezwungen, zu früher Stunde vor Sonnenaufgang und bei unangenehm niedriger Raumtemperatur meine Schlafstätte zu verlassen. Glücklicherweise ist mein Heim mit völlig zureichenden Beleuchtungskörpern ausgestattet und elektrisch beheizbar, so daß ich nach menschlichem Ermessen einem angenehmen Morgenmahl in warmer Umgebung entgegensehen konnte, bevor ich mich den Pflichten des Tages würde widmen müssen. Nachdem ich dem „Toaster" zwei Scheiben Brot einverleibt hatte, bewegte ich das oben erwähnte Rädchen in Richtung „DUNKEL" und drückte den Hebel nach unten, was, wie ich meinte, einfach das Brot in die inneren Gefilde des Gerätes befördern würde. Wie ich jemals auf den wahnwitzigen Gedanken hatte verfallen können, daß sich die Aufschriften „HELL" und „DUNKEL" auf den gewünschten Grad des Toastens beziehen könnten, kann ich heute nicht mehr rekonstruieren. Aber – auch wenn ich es selbst sage – ich lerne schnell. Als die Lichter verloschen und das gesamte elektrische System meines Hauses jegliche Funktion verweigerte, begriff ich, welch Esel und welch Narr ich doch gewesen war. Zu meiner Überraschung jedoch hielt die allgemeine Illumination auch dann keinen abermaligen Einzug, als ich das Rädchen zurück auf „HELL" gedreht hatte.

Wesentlich später und nach der Erbringung erklecklicher finanzieller Aufwendungen meinerseits für die Dienste eines von mir hinzugezogenen Elektrikers, waren Licht und Strom wieder hergestellt und war Ihre Maschine durch das Geschick des Könners in etwas verwandelt worden, was sich jener Vorrichtung annäherte, die mir ursprünglich vorgeschwebt hatte. Ich sagte bewußt „annäherte", da noch immer einige geringfügige Verbesserungen vorstellbar wären. Darf ich beispielsweise den Vorschlag unterbreiten, daß die Begriffe „HELL" und „DUNKEL" auf baugleichen Apparaten durch „ÜBERHAUPT NICHT GETOASTET" und „ZU ASCHE VERBRANNT" ersetzt werden? Wäre es darüber hinaus – und ich füge dies nur als kleinen persönlichen Spleen meinerseits hinzu – möglich, ein radikal alternatives Gerät zu entwickeln, das Brot in dem Maße toastet, das der Besitzer oder die Besitzerin des Apparates wünscht?

Ich hoffe, ich vermittle Ihnen nicht das Gefühl, daß ich mich über triviale Details errege, und ich blicke mit gespannter Erwartung einer Fortsetzung unseres Dialogs über das angeschnittene Thema entgegen, die sich einrichten ließe, sobald ich im Laufe dieser Woche Ihren „Toaster" zu Ihnen zurückbringe. Es würde mich hoch erfreuen, Ihre Ansichten zur Problematik finanzieller Rückerstattung oder zum Themenkomplex „Rücknahme funktionsuntüchtiger Waren" kennenzulernen.

Mit dem Ausdruck der Hochachtung
Percifal X. Brain (ältlich und gebrechlich)

P.S. Bei der Durchsicht meiner Akten bemerke ich, daß ich Ihnen in dieser Sache bereits zweimal geschrieben habe. Ich hoffe, Sie werden mich nicht als Fanatiker brandmarken. Wußten Sie übrigens, daß es eine alte Tradition gibt, die in einigen Teilen dieses unseres Landes noch gepflegt wird, daß man Briefe beantwortet?

Liehber Gehralt,

Ich habe 1en Brief von eurem Nacht-Bar Mister Brain ge Kriegt wo er mich beschultickt, ihm 1en hinnen Toaster verkauft zu haben. Ich weis das mit dem ~~Pferdstand~~ Ferstand komische Sachen abgen können wen frau 1e Ahtrackzjohn ißt. Aber ich Würde mich bestimt ehrinnern wen ich altes Ehelektrozeuch verhöckern Würde. Oder? Fiel leicht ißt Mister ~~Brain~~ Brain 1 Bischen See Nil im Kopf, weil Ehr so Alt ißt und so. Eß ist gar nicht so Laicht wen du "Hirn (Brain)" heist aber das meißte dafon schon Weg ißt.

Köntesd du ihn biete biten aales zu erklärn, Gehralt?

Lucky Lucy sakt HALLOO GEHRALT!

Lohgische Bindungen
Ändi Pändi XX

P.S. Brif fon Mister Brain liecht bei.

Liebe Ändi Pändi,

Schreie! Panik! Aufruhr! Zum Glück hast Du mir den Brief geschickt! Gott segne Dich, Du kleiner Wackelstrumpf! Du hast einen unschuldigen Mann davor bewahrt, hinter schwedische Gardinen zu wandern. Es war ein echtes Drama – genau wie im Fernsehen. Ich erzähl Dir, was los war. Bereit? Also los!

Ich habe vorgestern Deinen Brief über Mister Brain und den Toaster gelesen, nachdem ich vom College nach Hause gekommen bin. (Ich bin um zwei Uhr nachmittags heimgekommen; aber verrate das nicht meiner Mutter. Die meint, College zählt nicht, wenn man nicht den *ganzen* Tag da war!) Bin gleich, nachdem ich den Brief gelesen hatte, rüber, um nach dem alten Percy zu sehen und ihn zu fragen, was los ist. „Toaster?" dachte ich. „Merkwürdig", dachte ich. Jedenfalls war er nicht da, und ich dachte, dann versuch ich's nach dem Abendbrot nochmal. Eigentlich wollte ich Papa fragen, was er von dem Ganzen hält, aber dann hatte ich doch nicht den Mumm. Papa hat ein Herz aus Gold, aber – na ja, welchen Sinn hat es, alles zu verkomplizieren? Gegen Sieben bin ich also zur Vordertür raus, um über den Zaun in Percys Grundstück zu klettern. Plötzlich erstarrte ich zur Salzsäule, denn was glaubst Du, was da vor Mister Brains Haus stand?

Na, was denkst Du?

Komm schon – rate!

Es war ein Polizeiauto, Ändi Pändi, eine grüne Minna mit Blaulicht auf dem Dach. Da stand sie so groß wie das Leben. Einen Augenblick lang dachte ich, ich geh lieber wieder rein und kümmere mich um meine eigenen Angelegenheiten, aber das ging einfach nicht. ICH WAR NEUGIERIG!!! Schrecklich, nicht wahr, *Love and a Dream?* Gott muß mir jeden einzelnen Tag das eine oder das andere vergeben. (Ich wünschte, ich wär' so vollkommen wie Du!)

Jedenfalls! Ich habe schon gesagt, daß ich zu neugierig war, um kehrtzumachen, deshalb sprang ich über den Zaun und rannte zu Percys Hintertür, die ich weit geöffnet fand. Ich ging in aller Unschuld hinein und zum Wohnzimmer im Vorderteil des Hauses, wo ich auf eine Szene stieß wie aus einem schlechten Theaterstück: Da standen zwei Polizisten in voller Montur und blickten streng und unbeweglich. Zwischen den beiden befand sich eine Dame, die – na ja, sie sah eben aus wie eine von diesen hochgewachsenen, eckigen Frauen, die den Anschein erwecken, daß sie ihr Make-up im Dunkeln mit einem Rasierpinsel auftragen. Und die guckte *sehr* böse! Alle drei starrten sie Percy Brain an, als handle es sich bei seiner Person um einen abscheulichen Kriminellen niedrigster Sorte. Ich weiß ja nicht, ob Dir das klar ist; aber Mister Brain war einst Schauspieler, Ändi Pändi, der es gewohnt war, mit lauter Stimme auf einer großen Bühne zu stehen und wild mit den Armen zu gestikulieren – so ähnlich jedenfalls. Genau so sah er jetzt aus: an die Wand gekauert, eine Hand aufs Herz gepreßt, den anderen Arm mit großer Gebärde weit von sich gestreckt, als müsse er sich Vampire vom Leibe halten. Und seine Augen! Sie waren weit aufgerissen und blickten irre, sein Mund hing offen nach unten. Er trug wirklich *dick* auf, der alte Percy, aber er hatte auch Angst – das konnte ich sehen. Ein bißchen bleich und zuckend – Du weißt, was ich meine?

Die Dame wedelte mit einem Stück Papier in Percys Richtung und redete wie eine, die gleichzeitig eine Zitronenscheibe lutscht.

„Leugnen Sie", kreischte sie, „daß Sie diesen Brief geschrieben haben, der mir droht, mich mit Ihrem Auto zum Krüppel zu fahren, wenn ich Ihnen keinen neuen Toaster gebe?"

„Drohe? ... Krüppel? ... Toaster?" keuchte Percy. „Ich leugne total, absolut und kategorisch, je solch ein Schreiben verfaßt zu haben!"

Na ja, und dann las sie laut aus diesem Papier vor, das sie in Händen hielt. Da stand:

Geehrte junge Dame,
Welch ein unglückseliger Unfall ist doch ein gebrochenes Bein! Der Schmerz muß *äußert* unangenehm sein. Es ist erstaunlich, nicht wahr, wie leicht sich derlei ereignen kann, wenn wir es am wenigsten erwarten. Man kann – was Gott verhüten möge – durch soch Ungemach für viele Wochen ans Bett des Hospitals gefesselt werden. Nun gibt es Stimmen – einige, nicht alle! – die sagen, solch Ungemach sei Folge des', daß and're Menschen jemand schimpflicher behandelt als Tugend es uns allen, wie wir sind, gebietet. Man kann – ich wähle nur ein Beispiel – das Trottoir verlassen und auf der Fahrbahn von einem Kraftfahrzeug ergriffen werden, des' Halter aus dem einen oder andern Grunde die Achtsamkeit, die nöt'ge, hat versäumt. Mir selbst als Fahrer könnte solch ein Mißgeschick ganz ungewollt geschehn. Schon morgen könnt' sich dies ereignen! Ich komme bald! Sehr bald! Und will aus diesem Grunde jetzt mehreres nicht schreiben. Ob man sich meiner noch erinnert? Ich hoffe es! Man darf nun meines Kommens stets gewärtig sein!

Es grüßet in Erwartung
Percival X. Brain

Ja, ich hatte es erraten, Ändi! Der arme alte Percy hatte seine Briefe durcheinandergebracht. Die Dame in dem Toasterladen hatte den gekriegt, der für Dich bestimmt war, und Du hast den gekriegt, wo er sich über den Toaster beschwert. Gutes Timing, daß ich gerade rechtzeitig da war, um die Verwechslung aufzuklären. Am Ende löste sich alles in Wohlgefallen auf. Die blaugekleideten Knaben gerieten ganz aus dem Häuschen – sie fanden das alles höchst köstlich. Ich hatte trotzdem das Gefühl, daß die Dame ein bißchen enttäuscht war. Ich denke, sie hatte gehofft, man würde Percy an die frische Luft schleppen und am ersten besten Laternenpfahl aufknüpfen. Versuchte später, Papa alles zu erklären, aber man hätte genauso gut versuchen können, ein Streichholz an Marmelade anzuzünden.

Alles Liebe an Lucky Lucy und natürlich auch an Ändi Pändi!
Gerald

Globale evangelistische Ein-Mann-Bewegung
Internationales Projekt „Kirchenbank unterwegs"
Baracke Nummer 3
Waffenstillstandsweg
Bagshot

Telefon (Beschloß, es nicht wieder anzuschließen, nachdem die Schrift offenbart hatte, daß sogenannte „Freunde" auf Besuch die riesige Rechnung zu verantworten haben. Psalm 14,4: „Sie nähren sich selbst, aber den HErrn rufen sie nicht an!")

Lieber Bruder oder liebe Schwester,

bitte entschuldigen Sie, daß der Rundbrief diesmal per Hand mit rosa Wachsmalkreide auf umweltfreundlich recyceltes Toilettenpapier geschrieben wurde, aber als Stanley zusammen mit meinem anderen Assistenten das Projekt verlassen hat, hat er seine Kinderdruckerei mitgenommen; außerdem sind mir die Papiertüten ausgegangen.

Wie Sie dem neuen Projekttitel entnehmen können, ist mir abermals eine Offenbarung zuteil geworden, und wir schlagen – im Gehorsam – einen neuen Kurs ein. Wenn ich „wir" sage, meine ich eigentlich „ich". Wie einst Gideon habe ich erleben müssen, wie die Furchtsamen aus meiner Mitte hinweggenommen wurden, so daß ich nun allein das Werk fortführe, das mir aufgetragen ist. Stanley and Bruce fehlte es einfach an Visionskraft und Beweglichkeit. Insbesondere Stanley scheint sich nach seinem unglückseligen Erlebnis bei der Amateur-Talent-Show im „Frosch" einen Geist der Verdrießlichkeit zugezogen zu haben. Ich erinnerte ihn daran, daß es Schlimmeres gibt, als von einem trunkenen Publikum, das sich auf deine Kosten amüsieren will, mit Bier überschüttet zu werden, nur weil du den Versuch machst, mit nur einem Löffel und keinerlei Training auf Löffeln zu spielen. Aber das schien ihn nicht zu überzeugen. Bruce ließ sich dermaßen von Stanleys negativer Haltung infizieren, daß sich beide, nachdem ich den Abbruch unseres Musikprojektes angekündigt hatte, zu unreif erwiesen für Veränderungen und sich entschlossen, dem Werk des Herrn den Rükken zu kehren.

Bei dem neuen – und sicherlich derzeit weltweit aufregendsten – geistlichen Projekt geht es darum, eine zehn Meter lange Kirchenbank aus der viktorianischen Ära zu Fuß durch alle Länder der Erde zu ziehen. Die Vorbereitungen sind abgeschlossen – bis auf ein paar unbedeutende Einzelheiten (eine geeignete Bank finden, den Besitzer überreden, mir das Möbel zu schenken oder zu verkaufen, herausfinden, wie sich die Bank bewegen läßt, eine Route planen, Pässe und Visas [Visa? Visen?] zu beschaffen, hinreichende Geldmittel für die Reise locker machen und die Baracke verkaufen). Einmal mehr bestehe ich aus tiefster Seele darauf, daß es sich um ein Glaubensunternehmen handelt, und man hat mir bereits ein überzeugendes Angebot für die leihweise Überlassung eines Schraubenziehers gemacht, sobald und wenn ich eine passende Bank finde. Ich verstehe das als eindeutige Bestätigung für höhere Führung.

Während der letzten ein, zwei Wochen habe ich die örtlichen Kirchen besucht und zu mehreren Gruppen darüber geredet, daß ich nicht gewillt bin, das Projekt öffentlich anzukündigen, nur um auf diese Weise das dringend erforderliche Kapital einzutreiben. Ich nehme jedesmal einen Stapel von Selbstverpflichtungsformularen mit, die diejenigen *unter keinen Umständen* ausfüllen sollen, die nur ihr Gewissen beruhigen wollen. Ich füge auch diesem Brief ein solches Formular bei. Bitte streichen Sie entweder den Satz „Ich gebe gern für den Herrn“ oder den Satz „Ich beabsichtige, mein Geld für meine eigenen egoistischen Vergnügungen zu verbrauchen und sehe nicht ein, weshalb Gott es in die Finger kriegen sollte“ und schicken Sie das Formular an mich zurück. Bitte fühlen Sie sich nicht genötigt, auf eine ganz *bestimmte* Weise zu reagieren.

Ihr
Vernon Rawlings

P.S. Heute früh eine erneute Offenbarung. Deutlicher Hinweis aus der Heiligen Schrift, daß ich mit meiner Kirchenbank wie auf einem Floß durch die Ozeane segeln soll. Ezechiel/Hesekiel 28,2: „Einen göttlichen Sitz bewohne ich mitten im Meer!"

P.P.S. Bitte beten Sie um ein Paddel.

Liebe Andromeda,

Gerald sagt, Du hättest meinen letzten Tagebuchauszug, den ich Dir geschickt habe – die Sache mit meinem Vortrag über geistlichen Hochmut – sehr genossen und Du hättest keine Einwände gegen weitere Abschnitte. Ich bin *sehr* glücklich, daß Dir mein Tagebuch so gefällt. Manchmal denke ich nämlich, Gerald und sogar Tante Anne verstehen nicht richtig, daß man etwas aus Erfahrungen lernen kann, die in dieser Form verewigt werden. Ich habe erlebt, wie Gerald dasaß und Tränen gelacht hat, während er einen Eintrag las, der *mir* nicht im entferntesten witzig vorkam. Er ist trotzdem ein lieber Kerl. Deshalb regt es mich nicht allzu sehr auf.

Übrigens bin ich auch sehr froh, daß Dir die Puppe gefallen hat. Wir haben zwei Geschäfte durchwühlt, bis wir diejenige fanden, die uns die richtige zu sein schien. Wir mußten den er-

sten Laden fluchtartig verlassen, weil die Geschäftsführerin an einigen völlig harmlosen Äußerungen Anstoß nahm, die ich im Blick auf unpassende Puppen fallen gelassen hatte. Aber schließlich lernten wir Lucy kennen, und wir waren uns sofort einig: Das ist sie! Es hat uns wirklich Freude gemacht, sie neben Dir aufs Kopfkissen zu legen. Liebe Andromeda – es tut mir so leid, daß Du jetzt schon so lang an dieses Bett gefesselt bist. Ich freue mich aber, daß Du jetzt denkst, daß ich ein *guter* Faschist bin. Ich hoffe, daß ich gut bin. Ich versuche es, aber manchmal scheine ich in derartige Verstrickungen zu geraten – zum Beispiel, als ich letzthin versucht habe, jemanden dazu zu bewegen, sich um die Kirchenbestuhlung zu kümmern. Das war wirklich . . . na ja, das ist jedenfalls der Tagebucheintrag, den ich Dir diesmal beigelegt habe. Hoffe, Du findest ihn interessant.

Montag

Edwin, unser Pastor, rief mich an und fragte, ob mein Hauskreis in Zukunft die Verantwortung dafür übernehmen könnte, daß jeden Samstagabend die Stühle für den Sonntagsgottesdienst aufgestellt werden. Ich sagte: „Nullo problemo, Edwin!" und war ganz stolz auf mein Team.

Rief Stenneth Flushpool an und fragte ihn, ob er es tun würde. Er sagte, er würde es im Gebet vor den Herrn bringen und außerdem seine Frau fragen. Gerald hörte mit. Er sagte, er würde im Falle einer Meinungsverschiedenheit zwischen Gott und Mrs. Flushpool keine große Summe für Gottes Chancen bieten, sich durchzusetzen.

Versuchte es als nächstes bei Richard Cook. Er sagte, es sei unbiblisch, endgültige Pläne für die Zukunft zu schmieden, deshalb könne er nicht versprechen, es jede Woche zu tun, sondern nur, „wie der HErr führet". Fragte ihn, wie lang vorher seiner Meinung nach „der HErr" ihm jedes Mal Bescheid geben würde. Er sagte: „Es ist nicht unsere Sache, dies zu wissen; aber möge dein Glaube immer wieder neu der Prüfung standhalten, Bruder!"

Habe entdeckt, daß man Telefone nicht erdrosseln kann.

Dienstag

Vernon Rawlings (aus meinem Hauskreis) hielt heute abend bei der allmonatlichen Gemeindeversammlung eine Rede über den Wert des Gebens und Opferns. Sehr stark und inspirierend. War so beeindruckt, daß ich fast von Anfang an mitschrieb. Am Schluß sagte er sinngemäß:

„... und laßt uns den Tatsachen ins Auge sehen, Brüder und Schwestern: Wenn wir von Opfer reden, meinen wir gewöhnlich, daß wir einen kleinen Teil unseres Überflusses abgeben. Wir legen Lippenbekenntnisse ab für die christlichen Ideale der Liebe und Freigebigkeit, aber wenn es wirklich ernst wird, sind wir dann bereit, freizügig und fröhlich zu geben – auch über die eigene Schmerzgrenze hinaus? Sind wir es, Brüder und Schwestern? Ich will euch alle fragen ..."

Vernon deutete dramatisch auf verschiedene Gemeindeglieder, während er mit kräftiger Stimme fortfuhr.

„... christlicher junger Bursche! Christliches junges Mädel! Brüder und Schwestern im mittleren Alter! Betagte Geschwister! Ich möchte euch hier und jetzt herausfordern! Seid ihr bereit, zu geben, bis es wehtut? Seid ihr bereit, von all dem Geld, all dem Besitz und all der Zeit, über die ihr verfügt, zu nehmen und, was auch immer gebraucht wird, dem zu geben, der es braucht? Oder aber spielt ihr bloß ein bißchen Religion, behaltet aber in Wahrheit das beste für euch und speist euren Nächsten mit den Brotkrumen ab, die von eurem Tische fallen? Ich fordere euch heute abend heraus, Brüder und Schwestern! Wenn das nächste Mal jemand zu euch kommt und euch bittet, etwas zu geben oder zu tun, werdet ihr dann euren Glauben verleugnen und ‚NEIN' sagen, oder werden ihr die Kosten überschlagen und trotz persönlicher Opfer sagen: ‚JA, ich will es tun!'?"

Packte Vernon gleich im Anschluß beim Kragen und fragte ihn, ob er sich um die Stühle kümmern will. Er sagte: „Nein, lieber nicht. Am Samstag gibt's immer was Gutes im Fernsehen."

Mittwoch

Stenneth Flushpool rief an. Sagte, er hätte keinen inneren Frieden wegen der Stühle und dürfe es sowieso nicht machen.

Richard Cook rief an. Sagte, er fühle jetzt, daß Gott von ihm wolle, daß er mich wegen der Stühle in der Fürbitte unterstützen soll. Ob das genug sei?

Versuchte es bei Percy Brain. Er sagte sinngemäß, wenn ich es bei allen anderen Bewohnern des gesamten Universums versucht hätte und trotzdem niemanden kriegen könnte, dann würde er *eventuell ganz gelegentlich* aushelfen, was allerdings von den *jeweiligen Umständen* abhängen würde, so daß es doch wohl besser wäre, mit ihm – außer in *extremen* Ausnahmefällen – nicht zu rechnen. Und auch dann könne er sich nicht für sein Erscheinen verbürgen.

Dankte ihm dafür, daß er seine kostbare Zeit verplempert hat, um mit mir zu reden ...

Setzte mich ans Telefon und rief *alle* anderen an. Habe noch nie im Leben so eine Ansammlung von fadenscheinigen und an den Haaren herbeigezogenen Ausreden gehört. Hatte am Ende mein „Team“ satt bis obenhin! Welch eine Liste!

William Farmer: Beinleiden, das ihn aus irgendeinem aberwitzigen Grunde daran hindert, die Arme zu gebrauchen.

Leonard Thynn: Stuhl-Phobie (?)

Norma Twill: Will die sensible sanfte Haut ihrer Hände nicht in Mitleidenschaft ziehen lassen.

Ephraim Trench: Sagt, er sei schon vor 37 Jahren dagegen gewesen, diese speziellen Stühle anzuschaffen. Es könnte seiner Glaubwürdigkeit Abbruch tun, wenn er jetzt plötzlich bei ihrer Aufstellung hilft.

Raymond Pond: Sagt, sein Charisma sei die Musik, nicht das Stühlerücken. Und könnte ich bitte diejenigen, die es machen, auffordern, Sicherheitsabstand zur Orgel zu wahren?

Also ehrlich!

Donnerstag

Am Abend Hauskreis. Habe ihnen am Ende in puncto Stühle die Hölle heiß gemacht. Wies darauf hin, daß *niemand* Hilfe angeboten hat.

„Und deshalb“, schloß ich, „können wir schon jetzt vorhersagen, wer am Ende wieder mal jeden Samstagabend dasteht und sich um die Stühle kümmert – Anne!“

Nachdem alle gesenkten Hauptes davongeschlurft waren, sagte Anne: „Schatz, ich wollte ja nichts sagen vor allen Leuten, aber mir ist nicht ganz klar, weshalb die Wahl so offenkundig auf *mich* fallen soll, die Stühle herzurichten.“

„Was meinst du damit?“ fragte ich leicht schockiert.

Anne sagte: „Na ja, weshalb könntest nicht beispielsweise *du selbst* es machen?“

„Fang bitte nicht an zu spinnen!“ sagte ich, „Du weißt ganz genau, daß ich Samstag abends immer gerne – ach so ist das – darauf willst du also hinaus?“

Freitag

Nur gut, daß ich Christ bin. Sonst würde ich alles aufaddieren, was ich für meine Hauskreisleute schon gemacht habe, und jedem eine gesalzene Rechnung schicken. So vergebe ich ihnen natürlich gerne, daß sie so egoistisch sind.

Sonnabend

Gerald hat angeboten, am Abend mitzukommen und mir mit den Stühlen zu helfen. Überrascht, als ich feststellte, daß die Eingangstür der Kirche nicht abgeschlossen war. Noch überraschter, als ich drinnen fast den gesamten Hauskreis vorfand! Sie waren erschienen, um mit den Stühlen zu helfen! Organisierten eine Rotationsliste für die Zukunft und machten dann weiter.

Norma trug Handschuhe.

Ephraim führte Aufsicht.

Thynn arbeitete mit geschlossenen Augen.

William hüpfte.

Gerald verbrachte den gesamten Abend damit, auszutüfteln, daß *muntre Sicht, Schnurmitte, Schi-Muttern, Tusch-Termin* und *Sturm in echt!* Anagramme von *Christentum* sind.

Ging mit warmen Gefühlen im Herzen nach Hause.

Du siehst also, Andromeda, am Ende war alles im Lot. Das ist meistens so. Aber während des *Lötens* scheint immer alles so kompliziert zu sein. Wenn ich mal in den Himmel komme, muß ich Gott ein paar gezielte Fragen stellen ...

Alles Liebe an Lucky Lucy und Dich
Onkel Adrian

P.S. Warum tüftelst Du nicht mal ein Anagramm für Geralds Namen aus? Ich hab's mal gemacht. Ich glaube, er war ziemlich beeindruckt. Übrigens plant Dein Onkel Edwin, morgen auf Besuch zu Dir zu kommen.

Liebe Andromeda,

nachdem ich Dich gestern abend besucht habe, habe ich mich entschlossen, Dir zu schreiben, weil ich fürchte, Du könntest etwas durcheinander sein. Ich könnte es Dir nicht verdenken! Bei all dem, was mit Dir und Deiner Familie passiert ist, wäre ich überrascht, wenn Du *nicht* ein bißchen verwirrt wärst.

Wie Du weißt, Andromeda, bin ich Pastor meiner Gemeinde und denke, die meisten Leute, die dazugehören, finden meine Arbeit gar nicht schlecht. Aber fast alle sind sich einig, daß ich einen Hauptfehler habe. Ich bin neugierig, ob Du ihn erraten kannst. Deine Stärke besteht darin, daß Du immer *ganz genau* sagst, was Du denkst, deshalb wird es Dir vielleicht schwerfallen, das zu verstehen! Mein Problem ist, daß ich *fast nie* klipp und klar ausspreche, was ich denke und glaube. Die Leute meinen, ich sollte das öfter tun (vor allem, wenn sie der Ansicht sind, jemand *anders* ist im Unrecht!), aber ich mache es meistens doch auf meine Art – Leuten, die Probleme haben oder die nicht so selbstsicher sind, scheint es leichter zu fallen, auf mich zuzukommen, wenn ich nicht so viel Geräusch verursache.

Aber nach unserem gestrigen Gespräch dachte ich, ich müßte doch einmal lauter und deutlicher reden als üblich. Ich ahne nämlich, wie wütend und aufgebracht Du sein mußt darüber, daß Deine Mutter und Dein Vater einfach gehen und Dich in einer Zeit im Stich lassen, wo Du sie dringend brauchst; ich selbst würde mich jedenfalls so fühlen. Ich möchte Dir nur ein paar Sachen sagen. Erstens: Deine Mutter tut nichts Falsches. Sie kämpft für mehr Gerechtigkeit zwischen Männern und Frauen, und wir brauchen dringend Leute, die nicht nur darüber *reden*, daß etwas faul ist, sondern die etwas verändern. Ich habe vor Deiner Mutter großen Respekt, und auch von Deinem Vater habe ich eine hohe Meinung. Er hatte es aber satt, sich als fünftes Rad am Wagen zu fühlen und ständig beschimpft zu werden. Und da hat er angefangen, lauter Witze zu machen, von denen er wußte, daß sie Deine Mutter und Gwenda auf die Palme bringen – bis sich die Sache so zugespitzt hatte, daß er gehen mußte.

Das klingt jetzt vielleicht, als wollte ich Deine Eltern madig machen. Aber ich erzähle es nur, weil ich dran denken muß, daß mir im Grunde dasselbe passiert ist. Als Deine Tante Joan und ich hierher gezogen sind und ich erstmals Gemeindepastor wurde, habe ich dieselben Fehler gemacht, die Deine Mutter, wie ich meine, jetzt begeht. Ich war ziemlich jung und wollte unbedingt alles ganz toll und richtig machen in der Kirche, und ich habe überhaupt nicht gemerkt, daß mich Tante Joan und die beiden Mädchen zu Hause genauso dringend oder dringender gebraucht hätten als die meisten Gemeindeglieder. Ich war praktisch *jeden Abend* weg, Andromeda, und tat das, was ich für den „Dienst des Herrn“ hielt. Und wenn ich ganz ehrlich bin, muß ich zugeben, daß ich dafür gesorgt habe, daß der „Dienst des Herrn“ pünktlich um die Uhrzeit anfing, wo es galt, die Kinder zu baden und ins Bett zu bringen und ihnen eine Gutenachtgeschichte vorzulesen. Ich war nie zu Hause, Andromeda! Und wenn mich jemand gefragt hätte: „Liebst du deine Familie?“, wäre ich stocksauer und beleidigt gewesen und hätte gesagt: „Was bildest du dir eigentlich ein? Natürlich liebe ich sie – schließlich bin ich Pastor!“ Ich habe es einfach nicht begriffen, verstehst Du?

Schließlich kam ich zur Vernunft, nachdem mir ein sehr gescheiter Mensch gründlich den Kopf gewaschen hat. Es hat selbst dann immer noch eine Weile gedauert, bis sich wirklich was geändert hat – und die arme Tante Joan mußte sich damit rumschlagen, daß ich sie jedesmal, wenn sie sich beschwerte, wissen ließ, daß ich nur das tue, was Gott mir aufgetragen hat. Die Sachen, die ich gemacht habe, waren gut und nützlich und so weiter – ich habe bloß nicht begriffen (oder ließ mir nicht begreiflich machen), daß es in meinem eigenen Zuhause *noch* wichtigere Dinge zu tun gab.

Vielleicht ist mit Deiner Mutter was Ähnliches passiert, Andromeda. Es gibt keinen Zweifel daran, daß sie Dich lieb hat, und Dein Vater ist geradezu verrückt nach Dir – von Anfang an. Ich denke bloß, die beiden haben die Dinge zu weit treiben und zu schlimm werden lassen, und am Ende hat es keiner von beiden mehr ausgehalten. Und deshalb sind sie in entgegengesetzten Richtungen davongerannt und haben Dich allein in der Mitte liegen gelassen, mein Schatz. Ich fürchte, daß so was schrecklich vielen Kindern passiert.

Bitte gib nicht auf! Ich tu's auch nicht. Deine Mutter und Dein Vater sind im Grunde ihres Herzens immer Prachtkerle gewesen und sind es wahrscheinlich immer noch. Und hör nicht auf, Gott in dieser Sache zu piesacken! Ich werde es auch tun!

Alles Liebe
von Deinem Onkel Edwin

Liebe Andromeda,

Victoria (Mrs. Flushpool) hat mich gebeten – besser gesagt, mir aufgetragen –, Dir einen Brief zu schreiben. Mein Name ist Stenneth Flushpool, und ich bin mit Mrs. Flushpool (Victoria) verheiratet. Mein Name mag Dich verwirren. Der Name Stenneth ist Folge einer Meinungsverschiedenheit meiner Eltern. Bei meiner Taufe fragte der Pfarrer, auf welchen Namen ich getauft werden soll, und mein Vater antwortete „Kenneth". Gleichzeitig antwortete meine Mutter, eine ziemlich dominante Dame – Victoria nicht unähnlich – „Stanley". Der Pfarrer, ein älterer Herr mit stark eingeschränkter Hörfähigkeit, deutete das Stimmengewirr als das Wort „Stenneth" und taufte mich dementsprechend. Meine Eltern beschlossen, um des Friedens willen diesen Zufallskompromiß zu akzeptieren, und seither bin ich Stenneth. Ich kann nicht gerade behaupten, daß das für mich ein glücklicher Zufall gewesen ist. Jedesmal, wenn ich jemand vorgestellt werde, entsteht unweigerlich eine kleine Kunstpause, in der die betreffende Person ihre Gesichtszüge im Zaum hält und jenen Hauch von Heiterkeit zu unterdrücken sucht, den die Erwähnung meines Namens auszulösen pflegt. Findest Du meinen Namen amüsant?

Genug davon. Victoria (Mrs. Flushpool) war der Meinung, daß der Löwenanteil meines Briefes an Dich aus gewichtigen und lehrreichen Bibelversen in Kombination mit hilfreichen Anekdoten und Zeugnissen aus meinem eigenen Leben bestehen sollte. Ich bin jedoch nicht gezwungen, den Wünschen von Mrs. Flushpool (Victoria) Folge zu leisten. Man hat zwar schon vermutet, ich würde über Gebühr von Victoria (Mrs. Flushpool) beeinflußt oder gar bestimmt, aber das ist nicht die ganze Wahrheit.

Letzte Woche beispielsweise habe ich unerbittlich darauf bestanden, daß ich mir meine neue Küchenschürze selber aussuchen darf. Es ist wichtig, solche Schlachten von Zeit zu Zeit zu gewinnen.

Aber ich schweife ab. Tatsache ist, daß ich vor etwa vier Jahren selbst für lange Zeit im Krankenhaus am Flaschenzug hing. In meinem Fall handelte es sich um ein Rückenleiden, aber ich habe dieselben physischen Beschwerden und Kränkungen erfahren, die Du jetzt durchlebst, und ich möchte Dich meines aufrichtigen Mitgefühls versichern. Ich möchte Dir ferner, falls Du nichts dagegen hast, etwas Vertrauliches mitteilen, was ich bisher niemandem mitgeteilt habe, *vor allem* nicht Mrs. Flushpool (Victoria). Weißt Du: Trotz all der Beschwerden habe ich nämlich meinen Krankenhausaufenthalt ziemlich *genossen.* Das war für mich so etwas wie ein Extraurlaub. Viele der Schwestern, die sich um mich gekümmert haben, waren hübsche, freundliche Mädchen, und ich fühlte mich wie etwas ganz Besonderes, als ich so hilflos im Bett lag. Natürlich war mir die Abwesenheit Victorias (Mrs. Flushpools) *zutiefst* bewußt, aber sie kam jeden zweiten Tag auf Besuch und las mir während der ganzen Krankheitsperiode umfassende Auszüge aus religiösem Schrifttum vor. Ich tue mich schwer, meine Gefühle angesichts solcher Andachten in Worte zu kleiden.

In den Zeiten ihrer Abwesenheit jedoch ließ ich meinen Neigungen auf zwei Gebieten freien Lauf, die Mrs. Flushpool (Victoria), wie ich fürchte, nicht gebilligt hätte. Erstens gelang es mir, einen der Pförtner (einen Mr. Blogg, wenn ich mich recht entsinne), zu überreden, mir einige Magazine über Modellflugzeugbau zu besorgen, eine Beschäftigung, die Victoria (Mrs. Flushpool) – zu Unrecht, wie ich meine, wenn ich es auch nicht sage – mit Argwohn beäugt. Das hat mir ungeheuere Befriedigung verschafft. Aber die meiste meiner besuchsfreien Zeit wurde von meiner zweiten Tätigkeit ausgefüllt. (Ich kann wirklich nicht sagen, was mich veranlaßt, das alles einer so jungen Person wie Dir zu schreiben!) Meine andere Tätigkeit ergab sich aus meiner Unzufriedenheit mit meinem Namen Stenneth.

Ich füllte beträchtliche Zeiträume damit, mir einfach vorzustellen, daß mein Name Kirk C. Flushpool ist (wobei das C für Craig steht). Die meisten dieser Phantasien nahmen die Gestalt eines Dialogs zwischen mir und einer neuen Bekanntschaft an. Hier einige Beispiele:

Neue Bek.: Hallo, Sie sehen so elegant aus, mein Herr. Wie heißen Sie?
Ich: Tja, ich heiße Kirk.
Neue Bek.: Welch herrlicher Name! Und Ihr zweiter Vorname?
Ich: Craig.
Neue Bek.: Ich heiße leider nur Paul. Ich wünschte, mein Name wäre Kirk Craig!
Ich: Namen sind nur Schall und Rauch! Paul ist doch auch hübsch.

Die folgende Szene stellt ein Telefonat von meiner Arbeitsstelle aus dar.

Ich: Hallo! Hier Flushpool, K. C. Flushpool. Möchten Sie etwas bei uns bestellen?
Kunde: Ihr Name klingt ja großartig! Wofür steht denn K. C.?
Ich: Ach, nur für Kirk Craig. Eigentlich ganz gewöhnliche Namen.
Kunde: Gewöhnliche Namen? Meine Güte! Das sind Wahnsinnsnamen! Und ich wette, Sie machen diesem Namen alle Ehre!
Ich: Na ja, ich weiß nicht ...
Kunde: Also, passen Sie auf, Kirk ...
Ich: Ja?
Kunde: Ich würde gerne eine riesige Bestellung aufgeben, solange Sie es sind, die sie bearbeiten. In Ordnung, Kirk?
Ich: Ehrensache! Wird gemacht ...

Es muß Dir ziemlich verrückt vorkommen, Andromeda, aber ich habe diese kleinen Phantasien überaus genossen, und ich denke bisweilen noch immer an diese Wochen auf Station, obwohl ich das Mrs. Flushpool (Victoria) gegenüber nicht erwähne. Ich fürchte, sie würde es nicht verstehen.

Vergib mir, daß ich einen Brief schreibe, der mir im Nachhinein so vorkommt, als dreht er sich bloß um mich. Aber es hat mir überaus wohlgetan, meine Gedanken auf diese Weise zu Papier zu bringen. Ich hoffe doch, daß es Dir bald gut genug geht, daß Du heimkehren kannst.

Hochachtungsvoll,
Stenneth Flushpool

P.S. Bitte denke daran, wenn/falls Du diesen Brief beantwortest, daß Victoria (Mrs. Flushpool) nichts von seinem Inhalt weiß. Ich will sie nicht hinters Licht führen, aber unnötige Verstimmung wäre durchaus vermeidenswert.

P.P.S. Bitte denke nicht, daß ich keine Sympathien für Mrs. Flushpool (Victoria) hege. Ich denke, wenn wir das Kind bekommen hätten, das wir beide uns so sehr gewünscht haben, wäre sie wohl viel weniger – unwirsch.

Lieber Mister Flaschpuhl (eß wäre wol
respeckt loß fon mir sie Stennith zu ne-
nnen!)

Danke für Iren Brief. Die Biebel-Fer-
se und die ehrbaulichten Aneck-Toten h-
aben mich tief betrofen gemacht! Super-
dupergeil ~~wohr~~ wahrn die! Bite grüsen
sie Misses Flaschpool (Hauptbahnhof). Sa-
gen sie Ihr ich wäre Gans ausser mir
wen Sie jeder Zeit kommt, for allem wen
ich ~~sl~~ schlaffe. Wenn Sie würglich kom-
t um mir umfastende Afzüge aus Rä-
lley-jöser Lita-Radtour forzulesen wäre
eß besser wen ich gerade ~~schaffe~~ schlaffe,
weil die Geleerten sagen das man/frau je-
de Menge ins Hürn kriegt wenn man/
frau schläfft.

Uhu bringts: Ich habe Mister Blogg
gefrakt ob er sich Tran erinert wie sie hier
wahn. Er sahte – Klar erinere ich ~~an~~
mich an den ~~Tip~~ ~~Typ~~ Tüp der immer Ma-
rga~~rine~~ziehne über die Heulige Schrift w-
ollte – der wahr in Ordnung (Ich habe die

Finger gekreutzt als ich daß mit den Margaziehnen geschrieben habe, Mister Flaschpuhl!) Mister Blogg Kahn - Uhu bringts - rülpssen sooft er will. Ich wünschte ich könte auch imer rülbsen wen ich will. Biete forschen sie Ire Frau auß, op Sie auch imer rülbsen Kahn wen Sie will. Sagen sie ihr, Sie Mus aufpassen daß es am riechtigen Ende rauskomt!

Jeden Pfalz ißt daß erst Mahl aales fon irer kleinen horrorzontalen Ahatrackzjohn.

Lohgische Bindungen

Andromeda

P.S Ich finde nicht das [illegible] Stennith ein co- mischder Nahme ißt (falls sie sich gefrakt haben op ich daß tue). Ich finde den Nahmen Gans goldich. Ich denke sie sind auch Gans goldich, Mister Flaschpuhl!

P. P. S. Pfalz sie zufällig einen alten Freund von mir treffen der Kirk Craig Soundso heist, können sie ihm biete sagen wie Spitze ich seinen Nahmen finde?

P. P. P. S. Fielleich wird Missis Flaschpool (Paddington) eines Tages auch ganz goldich. Waß sie zu Letzt geschriebn haben war sehr ~~Trauring~~ traurich. Nie 1en George zu haben!

Lieber Gehralt!

Ratte Mahl! Wehn ich deinen Nahmen Gans Pferkehrt schreibe - ohne H und mit 1em D Stadt 1em T- Biest du 1 Mamagramm von

SLADE SPRALG!

Gut waß? Daß klingt wie ein superduperkuhler Filmstarr!

Was jetzt komt ist nur Gans nebenbei und gänslich un-Wichtig, Gehralt: Ich wil nur Gans am Rande erwenen das ich nexten Freitag Gehputztag habe. Ich ehreinere dich Kain eß Pfalz für den Pfall das du vergessen haßt das du mir ein Nagel Neues Eigenes persöhnliches Problem schenken woltest, Gehralt. Ich erwene eß nur bei leufig. Eß macht mir nichtz wen du vergießt mir 1s zu schenken.

Lohgische Bindungen (an Sladey-Babi)
Ändi-Pändi ♡

P.S. Es handelt sich um diesen Freitag, an

dem ich nix dagegen habe wen du fergießt mir 1 Nagel-Neuss Eigenes persöhnliches Problem zu schenken, Gehralt. Der Freitag, der Amen de dieser Woche ißt.

P. P. S. Tanke das du mir die Ganse Zeit dein persöhnliches Problem glien haßt (so lange ich Kain Eignes habe!)

Liebe Ändi Pändi,

Hallo! Hier spricht Slade Spralg. Wie stehn die Aktien? Jetzt hör mir mal gut zu, meine kleine *Love and a Dream* – oder besser gesagt: lies gründlich! Denn ich lege mein Leben in Deine Hände! Wenn Papa rauskriegt, daß ich Dir diesen Auszug aus seinem Tagebuch schicke, wirst Du wahrscheinlich bald eine zweite Attraktion neben Dir vorfinden. Eine mit Namen Gerald. Papa kommt nämlich in folgendem Ausschnitt seines klassischen Werkes nicht allzu würdevoll weg. Das heißt, eigentlich kommt er ja in *keinem* seiner Einträge sonderlich würdevoll weg, aber dieser eine – na, lies selbst und sieh! Und wenn Du merkst, daß Papa kommt – dann iß es auf!

Montag

Weshalb hat Gott die Erfindung des Automobils zugelassen? Nichts als Ärger und Unkosten! In all diesen erbaulichen christlichen Taschenbüchern fahren Christen praktisch Tag für Tag ohne Motor und mit vier platten Reifen Hunderte Kilometer – nur mit der Kraft des Gebets. Meine bisherigen Autos waren alle ungläubig. Sie tun einen Seufzer und geben den Geist auf. Und selbst wenn *ich* meine, sie sind in Ordnung, sind andere ganz anderer Meinung. Zum Beispiel heute morgen. Fuhr mit meinem vollkommen fahrtüchtigen Wagen zu Ernie Hubraum, unserem christlichen Kfz-Mechaniker, um ihn TÜV-tauglich machen zu lassen (den Wagen!). Kein Mensch hat Ernie jemals lachen sehen. Als beispielsweise Gerald ihm seinerzeit sagte, wir hätten in unser letztes Auto gern ein vollcharismatisches Getriebe eingebaut, sagte er bloß, die hätte er nicht auf Lager. Das ist es, was den heutigen Morgen so unerträglich gemacht hat. Ernie begann, langsam um den Wagen zu gehen, wobei er ihn mit trübem Blick betrachtete wie jemand, der einen nahen Anverwandten sterben sieht. Bevor ich ihm erklären konnte, was ich wollte, klopfte er mir sanft auf die Schulter und schlug mit gedämpfter Trauerstimme vor, ich soll einfach ganz still davongehen, ohne mich umzusehen. Er würde sich um die Verschrottung kümmern.

Ich sagte: „Nein, Ernie! Der Wagen ist völlig in Ordnung! Ich möchte nicht, daß er verschrottet wird. Ich will ihn bloß durch den TÜV kriegen!“

Das war der Auslöser für dieses heisere, hilflose Gelächter. Am Ende hing er auf der Motorhaube und wischte sich mit einem Öllappen die Tränen aus den Augen. Glück für ihn, daß sich die Pistole mit der Wagenschmiere nicht ein bis zwei Meter näher in meiner Reichweite befand.

Ich biß die Zähne zusammen. „Dann sehen Sie ihn wenigstens an!“ sagte ich.

Er umrundete ihn abermals, puffte ihn hier und knuffte ihn da, gab schnalzende Zungenlaute von sich und sagte dann:

„Sieht aus, als wenn Ostern angesagt ist!“

Fragte ihn, wie er das meint.

Er sagte: „Braucht 'nen völlig neuen Körper!"

Ging sehr deprimiert (wenn auch selbstredend auf einer *sehr tiefen inneren Schicht* frohlockend und danksagend, wie es sich für Christen gehört) nach Hause. Fragte mich, wie ich mir je einen neuen Wagen würde leisten können. Betete darüber und sah plötzlich vor meinem geistigen Auge einen nagelneuen *Volvo Estate*!

Reklamierte ihn für mich!

Dienstag

Sah heute nacht im Traum ganze Flotten neuer Volvos. Erzählte Anne beim Frühstück, daß ich spüre, daß wir innerlich geführt werden, für einen nagelneuen *Volvo Estate* zu beten. Sie zeigte keine Reaktion als ein meines Erachtens beklagenswertes Ausmaß von Kleinglauben.

Sie sagte: „Laß uns realistisch sein, Schatz! Gucken wir uns was Kleines, Wirtschaftliches aus zweiter oder dritter Hand aus, was leicht zu parken ist."

Gerald ließ einen Augenblick lang von der Hingabe an seine Lieblingstodsünde (der Völlerei) ab, um das Angebot zu machen, uns sein altes Skateboard zu verkaufen, falls wir es wollen. Dummer Junge!

Erklärte Anne, daß ich gewillt sei, den Glauben für einen neuen *Volvo Estate* aufzubringen. Sie sagte, ein zehn Jahre alter *Datsun* wäre wohl eher angesagt. Wir einigten uns darauf, daß wir beide von heute bis Sonntag nach Bestätigungen für unsere jeweilige Vision Ausschau halten.

Mittwoch

Erstaunlich! Wohin ich auch komme – auf den Straßen wimmelt es nur von Volvos! Zählte dreiundzwanzig! Ein echtes Zeichen!

Als Anne heimkam, erzählte sie, sie hätte vierundzwanzig Datsuns gezählt! Ein ziemlicher Schlag ...

Donnerstag

Zählte heute achtzehn Volvos. Annes Resultat belief sich bloß auf dreizehn Datsuns. Insgesamt habe ich vier Volvos Vorsprung! Ich möchte Annes Auskünfte nicht in Zweifel ziehen. Aber ihre Behauptung, sie hätte auf der Straße kaum Volvos bemerkt, ist nur schwer akzeptabel. Im Gegenteil: Ich verstehe nicht, wo alle ihre Datsuns herkommen. Ich kann mich nicht entsinnen, auch nur *einen einzigen* gesehen zu haben.

Freitag

Hervorragende Volvo-Ernte heute. Anne hat zwar einen mehr von ihren dämlichen Datsuns gezählt, aber insgesamt liege ich immer noch in Führung.

Leonard Thynn war am Abend da. Man merkt schon im voraus, wenn Leonard meint, er hätte was Witziges zu sagen. Er versucht dann immer, cool zu gucken. Er erzählte mir, ein Teil meines Problems sei bereits gelöst, weil er eine Bibelstelle gefunden habe, in der verheißen ist, daß der Gläubige auch dann nicht zu Fuß gehen muß, wenn sein eigenes Auto ausfällt. Fragte ihn matt, welche Stelle das sein soll.

Er sagte: „1. Mose 41,43 steht: Er ließ ihn mit seinem zweiten Wagen fahren!"

Gerald und Thynn schnatterten rum wie Papageien. Ließ sie schnattern. Thynn borgte sich unsere Katze aus, ohne um Erlaubnis zu fragen, während ich im ersten Stock war. Fragte Anne am Abend, was er mit unserer Katze macht. Sie guckte überrascht und sagte: „Das wollte ich dich auch gerade fragen. Ich dachte, *du* wüßtest es!"

Eines schönen Tages werde ich ihm nachschleichen ...

Samstag

Sah heute vierunddreißig Volvos! Absolute Datsun-Dürre. Eilte nach Hause, um die endgültige Bestätigung meiner Führung zu verkünden. Anne kam direkt nach mir. Sagte, sie hätte siebenhundertunddreiundsechzig Datsuns gesehen! Es stellte sich raus, daß Gerald mit ihr im Omnibus zur Datsun-Fabrik gefahren ist. Gerald fragte: „Ist das nun *Führung* oder nicht, Papa?“

Wollte sie gerade beide des Betrugs bezichtigen, als Ernie Hubraum in der Tür stand. Sagte traurig, er hätte ein Auto für uns. Escort. Fünf Jahre alt. Gut im Schuß. Nur ein Problem: Die Heizung ist kaputt. Ganz billig. Ob wir ihn wollten?

Machte später mit Gerald eine Fahrt im neuen Wagen. Sah endlose Massen von Volvos *und* Datsuns. Seltsam!

Auto fuhr gut. Allerdings hundekalt. Fühlte mich wie ein Klumpen Gefrierfleisch. Muß die Heizung reparieren lassen.

Schämte mich ein bißchen wegen der Volvo-Zählerei. Hoffe, Gott hat's nicht gesehen – ja, ja, ich weiß, natürlich *muß* Gott gesehen haben, aber ich hoffe – schon gut ...

Papa hat nicht gecheckt, Ändi Pändi, daß es nie eine Fahrt zur Datsun-Farbik gegeben hat und daß Mama niemals über die Datsuns Buch geführt hat, die sie gesehen hat. Sie hat bloß Papa auf die Schippe genommen, bis er diese seine jüngste Wahnphase hinter sich hatte. Gutes altes Väterchen! Er ist schon ein süßer alter Faschist, findest Du nicht auch, Ändi Pändi?

Übrigens weiß ich zufällig, wozu sich Leonard die Katze borgt. Es ist eigentlich ziemlich genial: Er schaltet sein altes Tonbandgerät an und dann – ich glaube, ich erzähl' es Dir, wenn ich Dich nächstes Mal besuche. Solche Sachen kann man in einem Brief nicht richtig beschreiben.

Liebe Grüße an Lucky Lucy und an die rosige Renate. Bis bald!
Alles Liebe, Gerald

P.S. Bin gerade auf dem Weg in die Stadt, um jemandem ein Geburtstagsgeschenk zu kaufen, den ich sehr gern habe.

P.P.S. Na?

Liebe Andromeda,

aufregende Neuigkeiten! Deine Mami hat gestern abend angerufen, um mir zu sagen, daß sie Donnerstagabend angereist kommt, um am Freitag zu Deinem Geburtstag dazusein. Sie hat versucht, in der Klinik anzurufen, ist aber nicht bis zur Station durchgekommen, deshalb hat sie bei uns antelefoniert und gebeten, die Nachricht weiterzugeben. Mein Schatz, ich freu mich so mit Dir, daß Deine Mama an Deinem Ehrentag bei Dir sein wird. Sie kommt übrigens allein. Gwenda hat sich mit einem Mann verlobt, der Ulk-Sendungen für Kanal 4 schreibt, und ist auf absehbare Zeit beschäftigt. Ich habe Deine Mutter noch nie so aufgekratzt erlebt. Sie stirbt vor Sehnsucht nach Dir, mein Schatz.

Übrigens wird auch Gerald am Freitag für ein paar Minuten bei Dir reinschauen, um Dir – na, laß Dich überraschen! Onkel Adrian und ich werden mit unseren Geschenken am Samstag kommen, wenn das in Ordnung ist. Dann hast Du eigentlich zweimal Geburtstag, nicht wahr? Und wenn Du arme Maus endlich aus dem Krankenhaus kommst, sollten wir wirklich eine tolle, riesige Nach-Geburtstagsparty für Dich schmeißen. Was meinst Du dazu?

Wir beten noch immer für Dich, Andromeda.

Bis Samstag!

Alles Liebe, Tante Anne

Liebes Ändikäferchen,

ich *wußte* nicht, daß du im Krankenhaus bist. Edwin hat mich gestern abend erwischt. Ich ahnte doch nicht, daß Du auf die Nase fällst und so lang flach gelegt wirst! Ich bin völlig kopflos geworden, als ich von zu Hause weg bin, und habe seitdem Tag und Nacht geschuftet wie in Trance. Ändikäferchen, Du weißt doch, daß Dich Dein dusseliger oller Papa wahnsinnig liebhat, oder? Daß ich weggerannt bin, heißt noch lange nicht, daß mir alles schnurz ist, meine Große! Vor kurzem hat mich ein Kollege gefragt, ob ich Kinder habe, und ich wollte schon ganz miesepetrig reagieren und ihm sagen, er soll seine Nase nicht in fremder Leute Angelegenheiten stecken, als ich plötzlich vor meinem geistigen Auge *Dich* gesehen habe und wahnsinnig stolz war. „Ja", sagte ich. „Und ob ich ein Kind habe. Sie ist das irrste kleine Mädchen auf der ganzen Welt und heißt Andromeda." Du *bist* das irrste kleine Mädchen, Ändi, und Mami und ich haben beide den größten Bockmist gebaut, als wir abgehaun sind. Aber vielleicht ist es noch nicht zu spät für einen neuen Versuch. Ich weiß es nicht.

Hör mal, Ändikäferchen. In den nächsten Tagen kann ich noch nicht kommen, aber ich bin unterwegs. Ich werde Dich Freitag sehen. In Ordnung? Heb' einen dicken Kuß und eine Umarmung auf für mich. Ich werde bald durch diese Tür kommen, um Dich zu sehen – und ich werde nie wieder so weit weg gehn. Kopf hoch – wenn der Hals auch dreckig ist!

Alles Liebe und tausend Küsse
Papa

P.S. Ich habe nicht vergessen, was für ein Tag Freitag ist, Liebling!

Lieber Gott,

Mach blos jezt Kain großes Tamtam
mit Riesen Ofen-Bar-Jungen oder mit
Engelsgören oder so weil ich daß mitten
Inder Nacht mit 1er Taschen-Lampe sch-
reibe (nich laicht wenn Du horrorzon-
tahl Biest, Gott!) – sonst macht Uns
Schwester Reh-Natee beiden Zoff! Das du
Gott Biest hielft dir mit Nichten wen
du Schwester Reh-Natee ergerst! Wenn
sie errekt ißt sie 'n ~~heiliger Terrier~~
Heiliger Terrohr! Deßhalb schreib ich diß
Gans flüsterleiße. Ahle andern auf Stadt-
Zion sind Gans Stil. Aber ich bin zu au-
fgekrazzt um zu schlaffen. Ratte Mahl,
was ißt Gott? Ich weis du weist es so-
wieso aber ich will dir trozdem erzehlen
was Freitag geh schen Wirt. Fater hat
mier 1en Brief geschreiben Gott! Würg-
lich! Gans würglich! Ehr hat mir 1en
Brief geschribn und mich Ändikäferche-
n genant und gesakt er kommt am
Freitag und – oh Gott ißt eß nicht Ire!

Und es ißt Doppelsuperdupertruperirre das Muter auch am Freitag komt! Oh Gott ich hab ein Bieschen Anxst was Wirt wen die beiden sich Seen. Ooooh ich werde Gans krippelich wen ich nur dran denke! Gips 'ne Schanze das du auch da Biest und das Mätsch raffst, Gott? Freitag ISST DOCH MEIN GEHPUTZTAG, du weißt doch. Na?

Jeden Pfalz will ich jezt bropieren op ich schlaffen Kahn. ~~Schäffst~~ Schäffst du auch Gott oder haßt du Inder Nacht ahle Hände foll zu tun mit den Kriesengebitten und so?

Ich freu mich das ich dich kenengelernt habe.

Gutnacht, Grussundkuß und lohgische Bindungen, Gott!

(Frau) Andromeda Veal

Adrian Plass

Ein liebenswertes, rotzfreches, maßlos übertreibendes, rabenschwarzhumoriges Tagebuch eines frommen Chaoten? Oder doch eher ein zwischen den Zeilen versteckter geistlicher Ratgeber mit Tiefgang?

Die Personen der Handlung: Adrian Plass, 37¾ Jahre alt; verheiratet mit Anne, der leidgeprüft-listigen Ehefrau und Mutter von Gerald, dem leicht anarchisch-spätpubertären Teenager-Sohn der Familie. Mit von der Partie: Annes Onkel Ralph, Adrians Tante Marjorie, der wunderliche Leonard Thynn, die Flushpools und jede Menge weitere mehr oder weniger schrullige Gemeindetypen.

Adrian Plass

Tagebuch eines frommen Chaoten

Aus dem Englischen von Andreas Ebert

4. Auflage
Paperback.
160 Seiten.
Mit Zeichnungen und Lesezeichen.
ISBN 3-87067-391-5

BRENDOW LESE-ZEICHEN

BRENDOW LESE-ZEICHEN

Gilbert Keith Chesterton

Heitere Weisheit, ernste Späße
Pb., 80 S., mit Zeichnungen und Lesezeichen.
ISBN 3-87067-334-6

Spritzige Zitate aus seinem großen Gesamtwerk.

Gunhild Christ

Gezz maa Butter bei die Fische!
Pb., 64 S., mit Zeichnungen und Lesezeichen.
ISBN 3-87067-332-X

Emmi Koslowski, die Hausfrau aus dem Ruhrgebiet, macht sich so ihre Gedanken über die »fromme Szene«.

Gunhild Christ-Aiyub

Reinen Tisch mit diese Brüder!
Pb., 64 S., mit Lesezeichen.
ISBN 3-87067-424-5

Weitere lose Reden von Emmi Koslowski.

Ulrich Parzany

Hornhaut auf der Seele?
Pb., 80 S., mit Lesezeichen.
ISBN 3-87067-367-2

Über 70 Anstöße von Bileams Eselin.

Claus Stier

Von Davids Stein und Simons Stab
Pb., 80 S., mit Zeichnungen und Lesezeichen.
ISBN 3-87067-380-X

In Verse gesetzt werden biblische Geschichten dem Leser von heute nahegebracht.

Brendow Buch Kunst Verlag